TROIS
HOMMES FORTS

PAR

Alexandre Dumas fils

Auteur de *la Dame aux Camélias*

I

PARIS
HIPPOLYTE SOUVERAIN, ÉDITEUR
RUE DES BEAUX-ARTS, 5

1850

TROIS

HOMMES FORTS

SOUS PRESSE.

MÉMOIRES DE TALMA
ÉCRITS PAR LUI-MÊME
Recueillis et mis en ordre sur les papiers de la famille
Tomes V et VI.
Par Alexandre DUMAS

Les Proscrits de Sylla
2 vol. in-8
Par Félix DERIÈGE

LES DERNIERS PAYSANS
2 vol. in-8
Par Félix DERIÈGE

LE COMTE DE FOIX
2 vol. in-8
Par Frédéric Soulié.

LES QUATRE NAPOLITAINES
Tomes V et VI
PAR FRÉDÉRIC SOULIÉ.

NOBLESSE OBLIGE
2 vol. in-8
Par F. de Bazancourt.

LAGNY. — Imprimerie de VIALAT et Cie.

TROIS
HOMMES FORTS

PAR

Alexandre Dumas fils

Auteur de *la Dame aux Camélias*

I

PARIS
HIPPOLYTE SOUVERAIN, ÉDITEUR
RUE DES BEAUX-ARTS, 5
—
1850

PROLOGUE.

I.

Sur le chemin qui va de Nîmes au pont du Gard, un quart de lieue avant d'arriver au Gard, et par conséquent au pont, qu'on a tort, entre parenthèses, d'appeler un pont puisque c'est un aqueduc, dans lequel rien ne passe plus, pas même l'eau, il y a un charmant petit village, qu'on nomme Lafou.

Si jamais vous allez voir le pont du Gard, ce que je vous conseille, arrêtez-vous dans ce village pour y déjeuner. Il n'y a qu'une auberge, vous n'aurez donc pas l'embarras du choix, mais vous déjeunerez aussi bien, mieux même que si plusieurs aubergistes s'y faisaient concurrence.

On vous conduira dans une grande salle du rez-de-chaussée, salle dont les murs sont couverts d'un papier qui représente les principales vues du monde, animées de personnages et d'animaux couleur de brique; vous verrez ainsi la statue de Pierre-le-Grand à Saint-Pétersbourg, le palais de Westminster à Londres, la Bourse de Paris, la tour de porcelaine de Pékin, la chasse au tigre, la mort du capitaine Cook et le tombeau de l'empereur à Sainte-Hélène. Histoire, monuments, poésie, rien n'y manque; le tout sur fond rose et à l'ombre d'arbres bleus.

Mais ce qui vaudra mieux que tout cela, quoiqu'à mon avis cela soit très-amusant de pouvoir rire en regardant des murs, c'est le déjeuner qu'on vous servira, et qui sera infailliblement composé des mets ci-après : un pied de cochon aux truffes, une grive aux truffes, des pommes d'amour aux œufs ou des œufs aux pommes d'amour, des fraises en été, des quatre-mendiants en hiver, une bouteille d'un vin chaud comme du vin d'Espagne; puis, quand vous demanderez combien vous devez pour ce festin, on vous répondra : trois francs.

C'est-à-dire que pour trois francs vous aurez mieux déjeuné là-bas que pour quinze francs à Paris.

Malheureusement, ce n'est pas de ces sortes de détails, souvenirs d'un voyage que j'ai fait jadis à travers ce beau pays qu'il va être question dans ce livre, et c'est une histoire bien triste et bien fatale que celle que je vais vous conter, à laquelle ce petit village de Lafou a servi de théâtre.

Par une douce soirée du mois d'avril 1825, un voyageur, jeune encore, car il avait vingt-et-un ans à peine, à la figure ouverte, à l'air franc et doux, suivait seul et à pied le chemin dont nous parlions tout-à-l'heure et qui mène de Nîmes au pont du Gard. Sept heures venaient de sonner, et le jeune homme vêtu d'une redingote noire et d'un pantalon de toile grise, véritable pantalon de voyage, coiffé d'une casquette de coutil, marchait à grands pas, d'une main s'essuyant le visage avec son mouchoir, de l'autre faisant le moulinet avec sa canne.

Ce jeune homme arriva bientôt au village de Lafou, et dès qu'il y entra, il fouilla dans la poche de sa redingote, y prit une portefeuille, dans ce portefeuille une lettre, qu'il garda à la main, et s'approchant d'un paysan qui fumait une pipe sur sa porte :

— Monsieur, lui dit-il avec l'accent d'un véritable Parisien, pourriez-vous me dire où demeure M. Raynal, le curé de Lafou ?

— Monsieur, répondit le paysan avec un accent méridional très-prononcé, et en étendant la main droite, M. Raynal vient de passer il n'y a qu'un instant, et c'est à peine s'il doit être rentré. Il habite cette petite maison que vous voyez là-bas, et qui est appuyée à l'église.

Le jeune homme remercia le paysan et se dirigea vers l'endroit qu'on venait de lui désigner.

Il n'eut pas longtemps à marcher, car le village n'était pas grand.

La maison où il se rendait, et qui, comme le paysan l'avait dit, était appuyée à l'église, se composait d'un rez-de-chaussée, d'un premier étage et d'une espèce de grenier. Elle partageait, avec le cimetière, le terrain qui se trouvait derrière l'humble paroisse.

Inutile de dire que ce cimetière était petit et qu'à l'heure qu'il était, les enfants du village y jouaient comme dans un jardin.

J'adore les villages où les enfants jouent dans les cimetières. Cela conserve à la mort un peu des aspects de la vie, et si le bruit qu'ils font trouble le sommeil de ceux qui reposent, ce réveil momentané, causé par des voix innocentes et fraîches, doit être agréable aux morts, en leur rappelant les plus douces années du temps qu'ils ont vécu ici-bas.

Notre voyageur ôta respectueusement sa casquette devant le cimetière, et montant les deux marches qui précédaient la porte grise de la petite maison, il souleva et laissa retomber le marteau qui en ornait le milieu.

Une vieille femme vint ouvrir.

— Monsieur Raynal? demanda le jeune homme.

— C'est ici, monsieur, répondit la vieille.

— Puis-je le voir?

— Oui, monsieur.

La servante referma la porte et fit entrer le visiteur dans une chambre d'en bas, chambre qui servait de salle à manger au prêtre.

Là, devant une table fort modestement servie, était assis monsieur Raynal, homme de cinquante ans environ, et dont le regard tranquille annonçait un homme de bien. Il dînait, et son dîner se composait d'une omelette et d'une aile de poulet.

La vieille gouvernante du curé, Toinette, debout devant la fenêtre, et prête à servir son maître s'il avait besoin de quelque chose, coiffée d'un bonnet à larges ailes, vêtue d'une robe de toile jaune à fleurs rougeâtres, raccommodait du linge quand le voyageur avait sonné.

C'était son habitude depuis vingt

ans qu'elle était chez M. Raynal, de travailler auprès de lui pendant qu'il prenait ses repas. De cette façon, il n'y avait pas de temps perdu; et elle causait avec le curé de toutes les choses qui peuvent être sujet à conversation entre un brave prêtre et une brave femme.

Le jeune homme salua M. Raynal, lequel se leva pour le recevoir; mais celui que Toinette venait d'introduire, fit signe à M. Raynal de se rasseoir, et, lui remettant la lettre qu'il tenait à la main :

— Voici ce que je suis chargé de vous remettre, monsieur, lui dit-il, et en même temps les yeux du jeune homme se fixèrent avec un respect mêlé d'un peu de crainte sur le visage du prêtre qui venait de tirer la lettre de son enveloppe :

— Asseyez-vous, monsieur, lui dit M. Raynal avant d'en commencer la lecture; puis, après avoir lu les premiers mots de cette missive, il regarda celui qui la lui avait remise, et lui dit avec émotion :

— Cette lettre est de mon frère ?

— Oui, mon oncle.

— Ainsi, vous êtes?

— Jean Raynal, le fils de votre frère, votre neveu enfin.

— Viens dans mes bras, mon garçon, fit le prêtre, en se levant et en embrassant son neveu.

La vieille femme, témoin de cette scène, et qui depuis vingt ans avait vu tous ceux qui étaient entrés chez son maître, regarda avec étonnement ce grand garçon qu'elle n'avait jamais vu et que le curé appelait son neveu.

— Monsieur a donc un frère ? dit-elle en s'adressant familièrement au curé.

— Oui, ma bonne Toinette.

— Monsieur ne me l'avait jamais dit cependant.

— C'est que mon oncle croyait avoir

quelque chose à reprocher à mon père, dit Jean, et comme mon oncle est un saint homme, il aimait mieux ne rien dire que de se plaindre de son frère, n'est-ce pas, mon oncle?

— Quel beau garçon tu fais, et quel plaisir j'ai à te voir! embrasse-moi encore.

Comment va ton père? qu'est-il devenu? où est-il? que fait-il? Réponds vite à tout cela, mon garçon. Oh! il devait m'arriver bonheur aujourd'hui, car tout m'a réussi depuis ce matin.

— Lisez toujours cette lettre, mon oncle; elle vous apprendra mieux que moi, sans doute, tout ce que vous voulez savoir.

— Ah! monsieur avait un frère, dit Toinette, en se remettant à l'ouvrage, en rejetant la tête en arrière et en regardant par-dessus ses lunettes, et à une certaine distance, la serviette qu'elle raccommodait.

— Tu as raison, fit monsieur Raynal.

Et reprenant la lettre qu'il avait déposée sur la table, il lut à haute voix :

Chapitre deuxième.

« Mon cher Valentin,

» Mon fils Jean vient d'atteindre sa vingt-et-unième année : c'est l'époque que j'attendais pour te le faire connaître, car je comptais sur lui pour opérer notre réconciliation, et je voulais qu'il eût pour cela l'âge où l'on peut tout dire, où l'on peut tout comprendre, qu'il fût enfin la vivante excuse des torts que j'ai eus jadis vis-à-vis de notre père.

» C'est un bon et brave jeune homme, bien intelligent, bien honnête, et qui, je l'espère, fera honorablement son chemin dans la maison de commerce où je l'envoie à Lyon. Quant à moi, mon cher Valentin, tout m'a réussi au-delà de mes espérances, et, seule, notre séparation a jeté de la tristesse sur ma vie. Cependant, j'espérais qu'un jour tu me pardonnerais, et maintenant je n'ai plus de doute à cet égard. Jean va m'informer tout de suite du résultat de sa visite, et je pense pouvoir, avant deux ou trois mois, aller te serrer dans mes bras et te dire moi-même combien je t'aime toujours.

» Ton frère,

» ONÉSIME RAYNAL. »

— Voilà tout ce que mon père a écrit? demanda Jean.

— Voilà tout, répondit le curé en passant la lettre à son neveu.

— Alors il a voulu me laisser beaucoup de choses à vous dire, mon oncle, et à vous beaucoup de choses à m'apprendre.

— Parle donc, cher enfant, je t'écoute.

— Auparavant, mon oncle, voudriez-vous me dire pourquoi mon père et vous, vous étiez brouillés?

— Écoute, mon cher Jean. Onésime me dit que tu es en état de tout comprendre; je ne te cacherai donc rien :

Il y a vingt-deux ans de cela, notre père se trouva ruiné par suite de mauvaises affaires qu'il avait faites; mais l'occasion de lui rendre, sinon la fortune, du moins le moyen de la refaire, se présenta pour Onésime. Cette occasion, c'était une jeune fille que son père consentait à lui donner avec deux cent mille livres de dot. Malheureusement

Onésime était amoureux d'une autre femme, et tous nos conseils restèrent impuissants contre son amour. Il voulut épouser celle qu'il aimait, quoiqu'elle n'eût rien, quoiqu'il ne possédât rien lui-même.

Notre père me fit jurer que je ne reverrais jamais mon frère, et il le chassa de chez lui. Je fis ce serment, que l'état auquel je me destinais aurait dû m'interdire de faire.

En effet, j'étudiais pour entrer dans les ordres, et, un an après le mariage d'Onésime, que nous apprîmes par les sommations qu'il fit à mon père, j'étais prêtre.

Mon père resta avec moi, vécut six

ans encore, et retourna à Dieu sans avoir voulu pardonner à son fils, malgré les efforts que je fis pour obtenir de lui ce pardon. Où était allé Onésime, ce qu'il était devenu, je ne le sus jamais ; et tout en conservant pour lui, dans le fond de mon cœur, l'affection que je lui devais comme frère, et le pardon que je lui devais comme chrétien, je m'enquis vainement de sa position.

Cependant il ne se passait pas de jour que je ne priasse Dieu de m'éclairer sur son compte, et, en tout cas, de lui accorder le bonheur que je lui souhaitais. Je sais maintenant pourquoi il gardait le silence, et je ne lui reproche plus qu'une chose, c'est d'avoir cru si longtemps que je pouvais lui en vouloir encore et d'avoir tant tardé à t'envoyer à moi.

A ton tour, maintenant, mon cher Jean, de me dire ce qu'a fait mon frère depuis cette époque, et ce qu'il fait aujourd'hui.

— Mon père m'a toujours caché la cause de votre séparation, reprit Jean ; sans doute dans la crainte que, malgré moi, le respect que je devais avoir pour ma mère, n'en fût amoindri.

De temps en temps cependant je l'entendais parler d'un frère dont il avait des nouvelles je ne sais par qui. Il s'entretenait toujours de ce frère, non-seulement avec amour, mais encore avec admiration et comme on doit parler d'un homme de bien et d'un saint homme.

Je me rappelle, car ces choses-là se gravent profondément dans l'esprit des enfants, que, pendant mes premières années, nous eûmes des temps durs à passer, ma mère et moi.

Mon père était souvent en voyage, il était commis dans une maison de commerce, et il gagnait très-peu de chose, de sorte que nous vivions dans une gêne presque perpétuelle ; mais ma mère, digne et noble femme, travaillait nuit et jour, et prenait de moi autant de soin qu'on eût pris d'un prince. Elle ne mangeait que du pain, mais je mangais bien, moi, et j'étais bien mis. Elle et mon père m'adoraient. J'étais leur consolation, leur espérance et leur soutien moral; sans moi peut-être, eussent-ils succombé sous le poids de leur mauvaise fortune.

— Mon pauvre frère! dit monsieur Raynal avec émotion. Continue, Jean, continue, car j'ai hâte de te voir arriver au moment où Dieu lui a tenu compte de tant d'épreuves.

— Oui, mon oncle.

Mon père se conduisit si bien, il inspira tant de confiance à la maison pour laquelle il voyageait, qu'au lieu de le traiter comme un simple employé, on l'intéressa dans l'entreprise, et qu'au bout de deux ou trois ans, il se trouva avoir mis de côté une somme assez ronde. Son patron lui conseilla alors d'aller s'établir en province, joignit, comme prêt, une dizaine de mille francs à ce conseil, et nous partîmes pour une petite ville où mon père prit un magasin, tout en continuant à être le correspondant de la maison à laquelle il devait tout.

Bref, le ciel vint à notre aide, le commerce prospéra, mon père commença une petite fortune, on me mit au collége, où je reçus une bonne instruction qui devait me permettre d'embrasser la carrière que je voudrais et dont je profitai le mieux que je pus, mais j'eus la superstition de croire que je devais choisir l'état auquel mon père devait d'être ce qu'il était, et de me mettre au service de la maison qui l'avait protégé.

Je suis donc voyageur maintenant pour le compte de messieurs Roussel et compagnie, et quand, il y a quinze jours, je me suis apprêté à partir, mon père m'a pris à part, et m'a dit que la première chose que je devais faire après avoir reçu les commissions de la maison à laquelle j'étais adressé à Lyon, serait de venir demander au village de Lafou, près de Nîmes, le curé Raynal, de lui remettre la lettre qu'il me donnait, et dont j'ignorais le contenu, de l'appeler hardiment mon oncle, et de lui dire tout ce que je viens de vous conter.

— Tu le vois, mon enfant, Dieu n'abandonne jamais tout-à-fait ses créatures, et tôt ou tard le travail et la bonne conduite trouvent leur récompense. Toinette, allez préparer la chambre du rez-de-chaussée, celle qui est au-dessous de la mienne, car Jean va sans doute passer quelques jours avec nous, et c'est cette chambre qu'il occupera ; puis, apportez-nous une bonne bouteille de vin avec des biscuits.

Toinette quitta la salle à manger.

— Je vous remercie, mon oncle, reprit Jean; mais il faut que je me remette en route dès demain, dès cette nuit même, car il faut que je sois de bonne heure à Nîmes, où j'ai des fonds à prendre avant de partir pour Montpellier. Je suis venu à pied de Nîmes jusqu'ici, et il faudra bien que je m'en retourne à pied. Or, il y a une bonne course.

— Tu t'en iras à cheval.

— Comment cela?

— J'ai un petit cheval ici, un biquet sur lequel je fais mes excursions dans les environs. Seulement je te recommande de ne pas le maltraiter. Il est un peu habitué à prendre ses aises et à aller au pas, le pauvre animal; car, comme tu le penses, je ne suis pas un excellent cavalier. Ce n'est pas pour que tu ailles vite, c'est pour que tu ne te fatigues pas que je te le prête.

— Mais une fois arrivé à Nîmes, que ferai-je du cheval ?

— Tu connais bien la rue des Arènes ?

— Oui.

— Eh bien ! rue des Arènes il y a un boulanger nommé Simon. Tu lui remettras le cheval, il me le renverra demain ou après-demain. Il est habitué à cela.

— Très-bien.

— Tiens, fit le curé en se levant, et en étendant la main vers la fenêtre ouverte, tu traverseras la petite cour, et tu ouvriras cette porte que tu vois à gauche, c'est l'écurie de Coquet. On l'appelle Coquet, le cheval, mais je te préviens que c'est par pure galanterie qu'on le nomme ainsi, attendu qu'il n'a aucun droit à ce nom. Tu le selleras, tu le brideras, tu monteras dessus, et tu partiras par cette autre porte qui donne sur la campagne. De cette façon, tu ne réveilleras personne, car nous dormons ici, Toinette et moi, jusqu'à sept heures du matin.

Et maintenant que nous en avons fini avec ces détails, embrasse-moi encore, cher enfant, car je suis on ne peut plus heureux de te revoir, et parlons de ton père, de ta mère et de toi.

Jean embrassa de nouveau son oncle, et la conversation recommença sur la famille.

Toinette reparut bientôt portant la bouteille et les biscuits demandés.

— Ah çà ! tu ne restes que quelques heures cette fois, dit monsieur Raynal, en s'asseyant et en faisant asseoir son neveu à côté de lui ; mais j'espère bien te revoir sous peu et te garder plusieurs jours. Et ton père et ta mère, il faudra bien qu'ils viennent aussi, car il doit leur être plus facile de quitter leur magasin qu'à moi de quitter mes fidèles. Que deviendrait mon troupeau sans son berger ?

— Vous devez être bien aimé ici, mon oncle ?

— Ah ! que oui, que monsieur le curé est aimé, répondit Toinette, en servant deux verres. C'est qu'aussi il est bien bon. Croiriez-vous que, depuis huit jours, il court les environs, quêtant pour les pauvres, et qu'il a rapporté douze cents francs en pièces toutes neuves, et qui sont là dans un sac !

— Douze cents francs ! dit Jean. Ah ! c'est étrange.

— Qu'y a-t-il d'étrange, mon enfant ? demanda M. Raynal.

— Promettez-moi de ne pas me gronder, mon oncle, et je vous ferai une confession.

— Te gronder, toi, après la lettre que ton père m'a écrite, et la première fois que nous nous trouvons ensemble ! Parle, parle, et sois tranquille, je ne te gronderai pas, d'autant plus que tu ne dois pas avoir commis une bien grosse faute.

— Si, mon oncle, c'est une faute, mais c'est presque sans le vouloir que je l'ai commise, et c'est ce chiffre de douze cents francs qui me fait souvenir que je dois vous la confier.

— Qu'est-ce donc ?

— Figurez-vous, mon oncle, que, le jour de mon arrivée à Lyon, les commis de la maison où j'allais m'ont invité à dîner avec eux. Ils ont bu à ma santé; j'ai bu à la leur, et comme pour boire à la santé de chacun d'eux, comme chacun d'eux avait bu à la mienne, il m'a fallu boire à moi tout seul autant de verres de vin qu'ils en avaient bu à eux tous, je me suis trouvé un peu gai après le repas.

— Ce n'est pas là un bien grand péché.

— Aussi n'est-ce pas là qu'il est, mon oncle. Après le dîner nous sommes sortis, et ces messieurs m'ont fait monter dans une maison de jeu.

— Dans une maison de jeu! fit le curé en joignant les mains avec tristesse.

— Oui, mon oncle, mais seulement pour me faire voir ce que c'était, et sans la moindre intention ni de jouer eux-mêmes, ni de me faire jouer. Le hasard fit qu'un monsier craintif en cette matière, qui avait mis cinq francs sur la rouge, voulut les reprendre avant qu'on tirât les cartes ; mais le croupier, je sais tous ces noms-là maintenant, fit Jean en souriant, lui répondit que l'argent posé était de l'argent joué, et ne le laissa pas rentrer en possession de sa pièce. Ce pauvre homme en parut si désolé, qu'il me fit peine, et que je lui dis, en lui donnant cinq francs :

— Monsieur, si vous le permettez, je prendrai votre place. Il y consentit. Ce que je faisais, je vous le jure, mon oncle, c'était plutôt pour que ce brave homme, qui n'avait peut-être que cette pièce de cinq francs, rentrât dans son argent que pour tenter fortune.

— Et tu perdis? demanda le curé qui croyait maintenant que là était la faute commise par son neveu.

— Pas du tout, je gagnai ; alors je laissai les dix francs, je gagnai encore. Je voulus pousser la chance jusqu'au bout, et je continuai. Savez-vous combien je gagnai, mon oncle?

— Non.

— Devinez.

— Cinquante francs, peut-être?

— Douze cents, mon oncle, douze cents !

— Douze cents francs! est-il possible? fit monsieur Raynal étonné.

— Mon courage m'abandonna à la vue de tant d'argent, j'eus peur de le reperdre, et je ramassai deux billets de cinq cents francs et dix napoléons; je fis bien, car, le coup suivant, ce fut la noire qui gagna. Voilà la faute que j'ai commise, mon oncle, et si vous le voulez bien, je la réparerai en vous donnant pour vos pauvres les douze cents francs que j'ai gagnés.

— Non, mon enfant, garde-les, mais tâche de les employer fructueusement en te souvenant que le jeu est la plus dangereuse de toutes les passions, et qu'un joueur est le plus dangereux de tous les hommes.

— Douze cents francs en dix minutes! s'écria Toinette, qui avait écouté ce récit de toutes ses oreilles et même de tous ses yeux; quand on pense qu'il y a des gens qui peuvent gagner douze cents francs en dix minutes quand on ne donne que douze cents francs par an à monsieur le curé, qui est le plus saint homme de la terre, et quand il me faudrait huit ans à moi pour gagner cette somme !

— Tu entends, mon cher enfant, ce que dit Toinette, reprit monsieur Raynal, je n'ai pas besoin d'ajouter autre chose.

Chapitre troisième.

Jean et son oncle qui, tout en causant, avait fini de dîner, entamèrent une bouteille de vin fin, et en burent chacun un bon verre, accompagné de deux ou trois biscuits.

Pendant ce temps, Toinette était allée préparer la chambre du rez-de-chaussée, que monsieur Raynal destinait à son neveu, et elle était revenue en disant :

— Ah! monsieur le curé, voilà une chambre qui peut se vanter d'avoir besoin de réparations.

— Pourquoi?

— Comment, pourquoi? Vous n'avez donc pas vu le plafond?

— Non.

— Il est dans un joli état!

— Qu'a-t-il donc?

— Il a qu'il est tout lézardé entre les poutres, qu'il est mince comme du papier, et que, si vous n'y prenez garde, il s'écroulera un beau jour, et que vous tomberez vous et votre lit dans cette chambre, puisque la vôtre est juste au-dessus.

— C'est bon, Toinette, nous ferons arranger cela, et quand Jean reviendra nous voir, il trouvera une chambre magnifique et digne de lui.

Cela dit, Jean et son oncle passèrent dans le petit salon du presbytère, car c'était l'heure où les deux ou trois amis de M. Raynal avaient coutume de le venir visiter.

Ils arrivèrent bientôt, et il leur raconta le bonheur qu'il avait eu à retrouver son neveu, l'histoire de sa brouille avec son frère, toutes choses enfin qui n'étaient qu'à l'éloge du jeune homme et de son père.

Sur les dix heures on se sépara pour aller reposer, et M. Raynal conduisit lui-même son neveu dans sa chambre, pour s'assurer qu'il avait tout ce qu'il lui fallait, et pour rester un peu plus de temps avec ce jeune homme pour lequel il se sentait déjà la plus vive affection.

— Je suis écrasé de fatigue, dit Jean à son oncle, comment ferai-je pour me réveiller à quatre heures du matin ?

— D'abord, répondit M. Raynal, tu as dans ta chambre une horloge, un coucou, qui te réveillera à l'heure que tu auras marquée avant de te coucher.

Ensuite, c'est demain jour de marché, et sois tranquille, tu entendras assez de bruit dès trois heures du matin pour être sûr de ne pas dormir à quatre.

— Allons, bonsoir, mon oncle; n'oubliez pas d'écrire à mon père; il attend votre lettre avec impatience.

— Je vais lui écrire avant de me coucher, et ma lettre partira demain. Bonsoir, cher enfant, bonsoir.

L'oncle et le neveu s'embrassèrent encore une fois, et M. Raynal se retira, après avoir dit à Jean :

— Souviens-toi que c'est rue des Arènes, chez M. Simon, boulanger, que tu dois remettre Coquet, en priant

M. Simon de me le renvoyer à la première occasion.

— Oui, mon oncle.

Jean resta seul, et comme, ainsi qu'il venait de le dire à son oncle, il était écrasé de fatigue, il se coucha bien vite, et s'endormit bientôt du plus profond sommeil.

M. Raynal ne l'avait pas trompé.

A trois heures du matin, Jean fut réveillé par les cris que poussaient les marchands et surtout les marchandes qui arrivaient au marché, et il eût voulu se rendormir, que cela lui eût été impossible. Il se leva donc, les yeux à demi-ouverts, la tête un peu lourde encore, et s'en alla seller et brider Coquet ; puis en faisant le moins de bruit possible, il fit sortir le cheval de la maison, monta dessus et prit le chemin qui menait à Nîmes.

Coquet avait une véritable allure de bidet de curé, si bien que Jean, après avoir assuré ses pieds dans les étriers, prit les rênes dans ses mains par acquit de conscience, et ferma les yeux.

Au bout de quelques instants il dormait parfaitement, et l'intelligente bête sur laquelle il était, comme si elle eût deviné que son cavalier n'était plus en état de la conduire, évitait toutes les rencontres qui eussent pu réveiller Jean, et marchait d'un pas qui berçait agréablement le sommeil du voyageur.

Cependant, une demi-heure à peu près avant d'arriver à Nîmes, un charretier facétieux qui venait avec sa voiture au devant de Coquet, trouva drôle, voyant que le cavalier dormait béatement, d'envoyer un coup de fouet au cheval qui ne put retenir un mouvement de peur et qui fit un petit saut de côté.

Jean perdit l'équilibre et se réveilla au moment où il allait entraîner Coquet dans un fossé. Il eut le temps de ressaisir les crins du bidet et de se remettre en selle, tandis que le charretier, enchanté de sa plaisanterie, continuait sa route en riant aux éclats.

Jean fut content à la fois d'avoir

dormi et d'être réveillé, et se frottant les paupières, il aspira avec joie l'air pur et frais du matin, regarda à sa montre quelle heure il était, s'aperçut que Coquet avait profité de son sommeil pour dormir aussi, ce qui lui avait fait perdre un peu de temps, perte qu'il voulut réparer en mettant sa monture au petit trot.

Coquet parut assez étonné qu'on lui fît prendre une allure qui était si peu dans ses habitudes; mais il fit contre fortune bon cœur, et entra en trottant dans la ville historique.

Jean n'eut pas besoin de le mener dans la rue des Arènes. Coquet savait son affaire, comme on dit, et ce fut lui qui mena le jeune homme tout droit chez M. Simon.

Le boulanger était sur sa porte et reconnaissait le cheval, mais il ne reconnaissait pas le cavalier.

— Monsieur, lui dit Jean, en s'approchant de lui, je suis le neveu de M. Raynal, qui m'a prêté Coquet pour venir à Nîmes, et qui m'a dit que je pouvais le laisser ici, ajoutant que vous seriez assez bon pour le lui renvoyer.

— Ah! vous êtes le neveu de M. Raynal, fit le boulanger.

— Oui, monsieur.

— Vous avez pour oncle un bien digne homme.

— Je le sais, monsieur, et je suis

heureux que tout le monde l'aime et l'estime comme je l'estime et comme je l'aime.

— En effet, reprit M. Simon, vous pouvez nous confier Coquet, nous le renverrons demain à son maître par un de nos garçons qui a justement besoin à Lafou.

Jean descendit de cheval, et M. Simon appela en se retournant vers le fond de sa boutique :

— François !

— Bourgeois ! répondit un grand gaillard, maigre et vêtu du costume traditionnel des garçons boulangers.

— Conduis-moi cette bête-là à l'écurie.

— Oui, bourgeois.

François prit par la bride l'animal que Jean caressait de la main comme pour le remercier de son service, et disparut avec lui dans une allée contiguë à la maison.

— Et M. Raynal va bien? demanda M. Simon.

— Il se porte à merveille.

— Voulez-vous entrer prendre quelque chose et déjeuner avec nous? ajouta le boulanger avec la cordialité provençale; le neveu de M. Raynal, c'est pour nous comme M. Raynal lui-même.

— Vous êtes trop bon, monsieur, mais je dois partir à dix heures par la voiture de Beaucaire, et auparavant, il faut que j'aille faire une course, et que je passe prendre ma malle à l'hôtel. Or, je n'ai qu'une demi-heure pour tout cela. Je ne vous en remercie pas moins, monsieur, ajouta Jean en tendant la main à M. Simon, et quand je repasserai à Nîmes, je vous demanderai la permission de venir vous remercier de nouveau.

— Mais, ce jour-là, vous accepterez mon invitation ?

— Je vous le promets.

— Bon voyage, monsieur.

Jean prit congé de M. Simon, et s'éloigna.

Le boulanger resta sur sa porte à regarder passer les gens et à dire bonjour à ceux qu'il connaissait.

Il y avait à peu près un quart d'heure que Jean l'avait quitté, quand M. Simon vit dans la rue deux gendarmes à cheval qui arrivaient à fond de train, et qui s'arrêtèrent devant la boutique.

— Depuis combien de temps êtes-vous sur votre porte ? lui dit l'un d'eux.

— Depuis une demi-heure environ, répondit M. Simon sans savoir pourquoi deux gendarmes avaient mis leur cheval au galop pour lui faire cette question.

— Avez-vous vu passer dans cette

rue un jeune homme sur un petit cheval?

— De quelle couleur est le cheval?

— Il est blanc.

— Et savez-vous le nom du jeune homme?

Le gendarme consulta un papier.

— Jean Raynal, dit-il.

— Jean Raynal, fit le boulanger. Il y a dix minutes que je causais avec lui.

— Il est donc venu chez vous?

— Oui.

— Quoi faire?

— Déposer son cheval, lequel cheval appartient à son oncle, le curé de Lafou.

— Et vous l'avez laissé partir?

— Pourquoi l'aurais-je retenu ?

— C'est vrai, vous ne saviez pas.

Pendant ce temps, la populace de Nîmes s'amassait autour des gendarmes qu'elle écoutait et regardait curieusement.

— Ce M. Jean Raynal vous a-t-il dit où il allait ?

— Oui. Il va à son hôtel prendre sa malle, et il part à dix heures par la voiture de Beaucaire.

— Vous en êtes sûr ?

— Parfaitement.

— A dix heures, dites-vous ?

— A dix heures.

— Il est dix heures moins un quart. Allons, nous arriverons à temps, à moins qu'il ne se doute de quelque chose. Merci, monsieur.

Et le gendarme toucha son cheval de l'éperon.

— Pardon, pardon, fit le boulanger, renseignements pour renseignements : que s'est-il donc passé? je m'intéresse à ce jeune homme, moi.

— Oh! nous n'avons pas le temps de vous raconter cela, fit le gendarme en s'éloignant. Du reste, vous le saurez bientôt; mais, si vous portez intérêt à ce jeune homme, je vous plains, car il a une mauvaise affaire sur les bras.

Et les deux gendarmes, ayant mis leurs chevaux au galop, disparurent dans la direction du bureau des diligences, laissant les commères se presser autour de M. Simon et lui demander des détails, puisque c'était lui qui avait eu l'honeur d'être interrogé par les gendarmes.

Pendant ce temps, Jean qui était loin de soupçonner ce qui se passait, s'était rendu chez les correspondants de la maison dont il était le voyageur, avait reçu d'eux une traite qu'il avait immédiatement expédiée à son patron, et de là, courant à l'hôtel, il avait pris sa malle et s'était fait conduire à la hâte au bureau des diligences de Beaucaire.

Il trouva la diligence prête à partir et les deux gendarmes qui demandaient les passeports aux voyageurs.

Jean tira son passeport de sa poche et l'offrit aux gendarmes pour en finir plus vite avec cette formalité.

— C'est bien vous qui êtes M. Jean Raynal? demanda un des deux soldats.

— Oui, monsieur.

— Neveu de M. Raynal, curé de Lafou?

— C'est moi-même.

— Vous avez passé la nuit chez lui?

— Oui.

— Et vous êtes parti de Lafou?

— A quatre heures du matin.

— C'est bien cela. Veuillez nous suivre, monsieur.

— Vous suivre? où?

— Chez le procureur du roi.

— Mais, messieurs, il faut que je parte. Est-ce que mon passeport n'est pas en règle?

— Il ne s'agit pas de votre passeport.

— De quoi s'agit-il donc?

— Nous avons un mandat d'amener.

— Un mandat d'amener!

— Oui.

— Contre moi?...

— Contre vous.

Jean regarda les gendarmes, les croyant fous.

— C'est impossible, reprit-il.

— Regardez.

Et en même temps, les gendarmes mettaient leur mandat sous les yeux de Jean.

— Il y a erreur, messieurs, sans aucun doute.

Et Jean regardait autour de lui, pour convaincre non-seulement les gendarmes, mais les personnes qui se trouvaient là, qu'il était victime d'une méprise.

Or, les gendarmes étaient ébranlés, intimidés même par la tranquillité de Jean, et eux qui avaient vu bien des criminels dans leur vie, et qui s'y connaissaient, se refusaient à croire que ce jeune homme pût être coupable du crime odieux dont il était accusé.

— Allons, messieurs, en diligence, fit le conducteur, pour disperser les rassemblements qui s'étaient formés dans la cour.

— Allons, monsieur, suivez-nous, dirent les deux gendarmes en faisant placer Jean entre eux deux. Ce n'est pas nous les juges, il faut que nous obéissions. Monsieur le procureur du roi demeure à deux pas d'ici, et s'il y a méprise on vous mettra tout de suite en liberté.

C'est l'occasion de faire cette remarque, que les gendarmes font presque toujours leur devoir avec une dignité, avec une politesc parfaite. Je ne crois pas qu'on ait jamais vu un gendarme maltraiter un accusé, cet accusé refusât-il de le suivre, ou l'eût-il même frappé.

— Marchons alors, dit Jean avec confiance, car sur mon honneur je ne comprends rien à ce qui m'arrive.

— Nous le croyons, fit celui des deux gendarmes qui avait interrogé le neveu du curé, car si vous étiez coupable, et que vous pussiez garder le sang-froid que vous avez, vous seriez un bien grand scélérat.

L'autre gendarme approuva du regard la remarque physiologique de son camarade, et tous trois prirent la rue qui devait les conduire chez le procureur du roi.

Il va sans dire que les gamins les suivaient, et que les habitants de cette rue, paisible d'ordinaire comme toutes les rues de Nîmes, étaient sur leurs portes, se demandant les uns aux autres ce qu'avait fait cet homme qu'on emmenait.

Chapitre quatrième.

Le prisonnier arriva bientôt chez le procureur du roi. Une cravate blanche, une croix de la Légion-d'Honneur, un regard qui essaie d'être fin et une voix doctorale, tels sont les procureurs du roi de tous les pays. Celui de Nîmes ne différait en rien de ses collègues.

— Vos nom et prénoms? dit-il à Jean.

— Jean Raynal, répondit celui-ci.

— D'où venez-vous?

— De Paris d'abord, de Lyon ensuite.

— Qu'alliez-vous faire à Lafou?

— Porter à mon oncle une lettre de mon père.

— Les deux frères étaient en dissentiment depuis plusieurs années?...

— Depuis vingt-deux ans.

— Et vous veniez?

— Pour opérer un rapprochement entre eux.

— C'est bien cela, fit le magistrat en parcourant un papier qui avait l'air d'une déposition; eh bien! monsieur, vous êtes accusé d'avoir assassiné votre oncle et la femme qui était à son service.

— Moi! s'écria Jean, en se mettant à rire.

— Oh! ne riez pas, monsieur, car rien n'est plus sérieux; vous êtes accusé ensuite d'avoir volé à votre oncle une somme de douze cents fr., fruit d'une quête qu'il avait recueillie pour les pauvres de son village.

— Monsieur, ce que vous me dites là est impossible, fit Jean, matériellement impossible, et je n'ai pu m'empêcher d'en rire, parce que non-seulement je n'ai pas assassiné mon oncle et Toinette, mais encore parce que je sais qu'ils se portent à cette heure comme vous et moi.

— Ainsi vous niez les faits?

— D'abord, je nie que j'en sois l'auteur, puis, je vous le répète, monsieur, je nie qu'ils se soient accomplis. Permettez-moi de vous faire une question, monsieur.

— Parlez.

— Quand dit-on que mon oncle et sa servante aient été assassinés?

— Cette nuit.

— Vous voyez bien qu'il y a erreur,

monsieur, puisque cette nuit j'ai couché chez mon oncle.

— Aussi, est-ce bien pour cela que l'accusation se porte sur vous.

— Mais, monsieur, je vous jure que je suis innocent, et que mon oncle est en parfaite santé. Je couchais au-dessous de sa chambre, s'il eût été assassiné, j'eusse entendu des cris ou un bruit quelconque ; on n'assassine pas deux personnes sans que cela fasse au moins une rumeur dans la maison.

— Que voulez-vous que je vous dise, monsieur? vous êtes dénoncé comme l'auteur évident de ce crime. Répondez-moi maintenant : voulez-vous me montrer les papiers que vous avez sur vous?

Jean tira son portefeuille et le remit au procureur du roi. Celui-ci le visita.

— Voici deux billets de cinq cents francs, dit-il, et dix louis dans un morceau de papier.

— Eh bien ! monsieur?

— Eh bien! monsieur, ne viens-je pas de vous dire que vous êtes accusé d'avoir volé douze cents francs à votre oncle?

— Mais, monsieur, ces douze cents francs que voici, je les ai gagnés à Lyon.

— Où?

— Dans une maison de jeu, fit Jean en rougissant.

— Ainsi, vous êtes joueur. En effet, dans une lettre que votre oncle a écrite à votre père avant de se coucher, et qui est entre nos mains, il parle de ce défaut. Voici même ce qu'il dit, continua le procureur du roi en prenant un papier au dossier qu'il avait devant lui :

« Jean a joué, donne-lui des conseils, » et fais-lui de la morale à ce sujet. Le » jeu est une passion qui peut mener » à tous les crimes. » Votre oncle ne se trompait pas, monsieur.

— Ainsi vous croyez que je suis l'auteur de ce meurtre épouvantable, monsieur ?

— Il ne m'est pas permis d'avoir une opinion là-dessus, mais je dis que, malheureusement, les charges les plus graves pèsent sur vous. Cette brouille de vingt-deux ans entre les deux frères, votre visite inattendue, cet assassinat, qui n'a pu être commis que par une personne qui était dans la maison, puisqu'il n'y a eu aucune effraction extérieure ; cette somme de douze cents fr. volée, et une somme égale trouvée sur vous, mise à part de votre autre argent, votre départ projeté de Nîmes par la première diligence qui partirait, départ qui ressemble à une fuite, tout cela est effrayant de gravité.

— Mais il est effrayant aussi, monsieur, fit Jean en se laissant tomber anéanti sur une chaise, que tant de charges puissent accabler un innocent, car, sur ma mère, je suis innocent de ce crime.

Et, en disant cela, le jeune homme portait les deux mains à ses yeux. Cette fois il ne riait plus et ne pouvait même retenir ses larmes.

— Voici qui est plus étrange encore, dit le procureur du roi en se penchant en avant et en regardant avec une attention toute particulière un des bras de Jean. Veuillez vous approcher de moi, monsieur.

Jean s'approcha sans comprendre ce que lui voulait le procureur du roi.

— Donnez-moi votre bras droit.

Jean obéit.

— Il y a du sang sur votre manche, fit le magistrat.

— Du sang !

— Regardez.

En effet, de larges gouttes de sang teintaient de rouge la manche de la redingote de Jean, et, quoique séchées à cette heure, il était facile de voir qu'elles étaient récentes.

— Trouverez-vous une objection à cela? continua le procureur, convaincu, par cette dernière preuve, qu'il avait sous les yeux le véritable assassin du curé, assassin d'autant plus coupable, qu'il savait nier avec le ton le plus parfait que puisse prendre l'innocence.

— Du sang! murmurait Jean. Êtes-vous bien sûr que vous voyez du sang sur cette manche? moi, monsieur, je ne vois plus rien; mes yeux se troublent, mon cerveau éclate. Du sang! mon Dieu! du sang! Qui a mis ce sang-là? Mais je suis victime d'une horrible fatalité!

— C'est bien, monsieur, répliqua le procureur du roi en se rasseyant, et d'une voix où ne perçait plus la moindre sympathie, c'est bien, je dresse mon procès-verbal, et nous allons passer à la confrontation.

— A la confrontation ! répéta machinalement Jean.

— Oui, vous allez être confronté avec les deux cadavres.

— Mon oncle et Toinette sont donc bien réellement morts?

— Hé ! monsieur, vous le savez bien.

— Ainsi, je ne rêve pas, fit Jean en regardant autour de lui ; ainsi je suis accusé d'avoir tué deux personnes, moi, moi, Jean Raynal, qui me disposais tout-à-l'heure à partir en chantant, moi qui dormais il y a deux heures, et j'ai du sang sur mon habit ! et tout cela est bien vrai ! Ah ! c'est à en devenir fou, c'est à en mourir d'étonnement !

— C'est bon, monsieur, reprit le procureur du roi, de plus en plus convaincu de la culpabilité de Jean, c'est bon. C'est maintenant une affaire entre la justice et vous.

— Et pourquoi cette confrontation avec les cadavres? demanda Jean.

— Parce que la justice espère que le criminel, ne pouvant supporter la vue des victimes, avouera la vérité.

— Mais il me sera permis de l'embrasser, ce cadavre, n'est-ce pas, monsieur?

— De l'embrasser !

— Mon pauvre oncle, qui m'aimait déjà tant, qui avait été si bon pour moi, monsieur, qui voulait me garder auprès de lui, et qu'on a lâchement assassiné, lui et cette pauvre femme, pour voler une somme de douze cents francs. Pourquoi ne m'a-t-on pas assassiné, moi? je ne souffrirais pas tant aujourd'hui. Que va dire mon père, que va devenir ma mère, monsieur, quand ils vont apprendre la mort de leur frère et l'arrestation de leur fils?

Et le jeune homme fondait en larmes, et il était si convaincu que tout le monde devait croire à son innocence, et qu'il trouverait de la sympathie chez le premier venu, que, pris du besoin d'épancher sa douleur dans le sein de quelqu'un, il posa sa tête sur l'épaule du procureur du roi, qui s'était levé.

Celui-ci le repoussa doucement.

Malgré l'habitude qu'il avait de ces sortes de scènes, il ne pouvait se défendre d'une certaine émotion.

— Ce garçon-là n'est pas coupable, dit tout bas un des gendarmes à son camarade, car ils étaient entrés avec le prisonnier dans le cabinet du magistrat, et se tenaient, les bras croisés, devant la porte. Si c'était moi le procureur du roi, je prendrais sous mon bonnet de le mettre en liberté.

— Ho ! fit l'autre avec une intonation qui signifiait : Tu ferais là une chose bien grave.

— Partons, messieurs, fit le procureur du roi. Gendarmes, faites avancer une voiture, et dissipez les groupes que nous trouverions dans la rue en descendant.

— Merci, monsieur, fit Jean.

Jean et le procureur du roi montèrent dans une voiture, où le juge d'instruction et le commissaire de police, qu'on avait fait mander, montèrent avec eux.

Chapitre cinquième.

On se rendit à Lafou, où il n'était question que du crime qui avait été commis la nuit précédente.

La route avait été silencieuse.

Ce qui arrivait à Jean était si

étrange, si peu prévu, que le jeune homme avait fini par oublier où il allait, et que, par moments, ressoudant sans interruption le passé et le présent, ce qu'il avait fait jusqu'au matin et ce qu'il comptait faire ce jour-là, il se croyait sur la route de Beaucaire, et ne se rappelait plus qu'il était accusé d'un meurtre, et qu'il voyageait escorté de deux gendarmes et de trois magistrats.

Aussi eut-il réellement besoin d'un moment de réflexion pour se rendre compte de l'agitation au milieu de laquelle il revoyait le village qu'il avait trouvé si calme la veille.

— Le voilà! le voilà! dit une voix sortant des groupes qui s'étaient formés autour de la maison du curé, dont le garde-champêtre et deux gendarmes, qu'on avait fait venir de Nîmes, défendaient la porte.

Jean regarda par la portière, et reconnut dans celui qui venait de dire : le voilà ! l'homme auquel la veille il avait demandé l'adresse de son oncle.

L'ambition de cet homme, en ce moment, était d'être appelé comme témoin dans cette affaire.

Il y a des gens qui croient donner de l'importance à leur personne quand ils peuvent jouer un rôle, si obscur qu'il soit, dans un drame comme celui que nous écrivons aujourd'hui. Ce qu'ils veulent, c'est parler en public, c'est fixer un moment l'attention, c'est être un objet de curiosité pendant quelques jours, pour les commères de leur village ou les portiers de leur rue. Ce qu'ils diront, ils ne le savent guère; ce qu'ils ont dit, ils ne le savent plus. Mais leur but est atteint, et ils ne savent pas surtout, les malheureux, que leur déposition pèse d'un poids énorme si petite qu'elle paraisse être, dans la balance de la justice, et que, pour cette pauvre vanité dont ils se parent, ils ont quelquefois aggravé la position d'un coupable, ou, ce qui pis est, aidé à la condamnation d'un innocent.

Le procureur du roi, le juge d'instruction, le commissaire de police et

Jean Raynal entrèrent dans la maison du curé.

Que de gens eussent voulu les y suivre !

— Reconnaissez-vous les lieux ? demanda le juge d'instruction à l'accusé.

— Oui, monsieur, répondit Jean avec calme, car, plus il réfléchissait, plus il lui semblait impossible que son innocence n'éclatât point aux yeux même des plus aveugles et des plus méchants, ces aveugles volontaires.

— Écrivez tout ce que vous entendez, continua le juge d'instruction, en s'adressant au commissaire de police ; puis, se tournant vers le jeune homme, il ajouta :

— Veuillez nous raconter ce qui s'est passé depuis le moment de votre arrivée dans cette maison jusqu'au moment où vous l'avez quittée.

Jean raconta tout ce que nous savons déjà, et le commissaire de police dressa acte de ce récit, sans en modifier un terme et sans en changer un mot.

— Montons maintenant, dit le juge d'instruction en étudiant l'accusé, afin de surprendre quelque chose sur son visage à ce mot qui lui annonçait qu'il allait se trouver face à face avec ses victimes.

Mais le visage de Jean prit, non pas une expression de crainte, comme s'y attendait le magistrat, mais une expression de pitié et d'attendrissement.

— Mon pauvre oncle ! murmura Jean d'une voix mouillée de larmes, et il suivit le procureur du roi qui avait passé le premier.

Accompagnés d'un médecin qu'on avait fait demander, le procureur du roi, le juge d'instruction, le commissaire de police et Jean entrèrent dans la chambre du curé, où un hideux spectacle les attendait.

M. Raynal, en chemise, gisait à terre dans une mare de sang; il avait la tête et la poitrine littéralement labourées de coups de couteau. Était-il sorti de son lit après avoir été frappé? était-ce pendant la lutte qu'il avait roulé à terre? nul, excepté l'auteur du crime, n'eût pu le dire, et l'auteur du crime n'était certainement pas là.

— La mort a dû être instantanée, dit le médecin, après avoir examiné le cadavre : cette blessure, celle-là, ajouta-t-il en montrant une plaie à la hauteur du cœur, a dû être faite la première et elle était mortelle ; les autres coups étaient inutiles, et le meurtrier ne les a portés que pour plus de sûreté ou par un excès de barbarie.

Jean versait de grosses larmes en regardant le corps ensanglanté qui l'avait pressé la veille dans ses bras.

— Et c'est moi qu'on accuse, disait-il, et s'agenouillant devant le cadavre de son oncle, il déposa pieusement un baiser sur le front du mort.

— Reconnaissez-vous M. Raynayl? demanda le juge d'instruction.

— Oui, monsieur.

— Avouez-vous avoir commis le crime?

— Écrivez, monsieur, fit Jean en se tournant vers le commissaire de police, que, la main étendue sur le cadavre de mon oncle, avec lequel j'étais confronté, j'ai juré que j'étais innocent.

— Écrivez ce que vient de dire l'accusé, dit le procureur du roi au commissaire de police.

Quand le commissaire eut fini d'écrire :

— Voyons à présent le cadavre de la servante Toinette, dit le juge d'instruction.

On passa dans la chambre de la vieille femme, qui ne portait la trace d'aucune blessure, et qui était encore couchée dans son lit.

— Cette femme a été étranglée, dit le médecin après l'avoir attentivement examinée, et celui qui l'a tuée devait être doué d'une grande vigueur, car il ne l'a étranglée que d'une main.

— Croyez-vous que monsieur ait pu être assez fort pour tuer ainsi cette femme? demanda le procurer du roi au médecin en montrant Jean.

Le médecin regarda le jeune homme.

— Montrez-moi votre main, lui dit-il.

Le jeune homme obéit.

— Serrez le cou de cette femme avec votre main droite.

Jean prit la moitié du cou de Toinette dans sa main en détournant la tête.

— C'est à peu près la même main, fit le docteur, et comme, dans un pareil moment, les forces doublent, monsieur eût pu étrangler ainsi la servante de M. Raynal. Cependant, je me permettrai de dire que si, comme médecin, je puis le croire, comme physionomiste et comme homme j'en doute.

— Merci de ces bonnes paroles, monsieur, dit Jean avec reconnaissance, et puissé-je trouver pour cette affaire la même impartialité que j'ai rencontrée jusqu'à présent !

En parlant ainsi, Jean se tournait vers les trois magistrats.

— Conduisez-nous maintenant à la chambre où vous avez couché cette nuit, lui dit le juge d'instruction, et faites venir les témoins qui ont signalé M. Jean Raynal comme le meurtrier probable de son oncle.

— Quels sont ces témoins? demanda Jean.

— Ce sont les trois personnes qui ont passé la soirée d'hier avec vous et votre oncle, à qui M. Raynal a raconté ce qui avait amené autrefois une brouille entre votre père et lui, et auxquelles, enfin, il a fait part du but de votre visite, puis un jeune homme qui, étant venu faire visite ce matin à votre oncle, et ayant trouvé la porte fermée et la maison silencieuse malgré les coups qu'il frappait, a fait enfoncer la porte et est venu dénoncer ce qu'il a trouvé dans l'intérieur de la maison.

— Et ces témoins entendus, que fera-t-on de moi, monsieur? demanda Jean.

— On vous incarcérera préventivement dans la prison de Nîmes.

— Et combien de temps y resterai-je avant d'être jugé?

— Un mois, deux mois au plus.

— Deux mois en prison! Oh! je ne vivrai jamais tout ce temp-là, dit Jean en sanglotant. Mais du moins, monsieur, me sera-t-il permis d'écrire à mon père et à ma mère cette affreuse nouvelle, car, s'ils l'apprennent par les journaux, ils mourront de saisissement?

— Vous pouvez leur écrire tout de suite, monsieur, pendant que nous allons visiter la maison et chercher quelques indices qui puissent nous mettre sur les traces du véritable coupable.

On donna du papier, une plume et

de l'encre à Jean; et s'asseyant entre les deux gendarmes, qui avaient ordre de ne pas quitter ses côtés, il écrivit à ses parents l'horrible malheur qui le frappait.

Chapitre sixième.

Deux mois après les événements que nous venons de raconter, une foule immense se pressait à la porte de la cour d'assises de Nîmes. C'était le jour où devaient s'ouvrir les débats relatifs à l'assassinat du curé de Lafou.

Depuis le moment où Jean avait été arrêté, plus on avait fait de recherches pour que la vérité se fît connaître, plus les charges qui pesaient sur ce malheureux jeune homme étaient devenues graves, à ce point que le jour où les débats commencèrent tout le monde était convaincu de sa culpabilité, et attendait impatiemment sa condamnation : car le curé de Lafou était connu et adoré de tous à vingt lieues à la ronde.

Cependant Jean n'avait rien négligé pour sa défense. Il avait fait venir ses patrons, ses amis, tous ceux qui pouvaient donner sur sa moralité un renseignement utile, soit par les rapports qu'ils avaient eus avec lui, soit même par ce qu'ils avaient entendu dire du commis.

Quant au père et à la mère de Jean, ils n'avaient, pendant ces deux mois, quitté leur fils que quand on les faisait sortir de sa prison.

On plaignait les parents; mais l'opinion publique, nous le répétons, était unanime à condamner l'accusé. Jean n'était plus reconnaissable.

La fatalité avait pesé sur lui de tout son poids; il était pâle et maigre comme un mourant; ses yeux étaient hagards; il semblait ne plus vivre que par la douleur.

Cinq personnes seulement étaient convaincues de son innocence : c'étaient son père et sa mère qui savaient leur fils incapable, non-seulement d'un meurtre, mais même d'une mauvaise pensée; c'était son patron qui avait reçu de lui une traite à la date du jour où il avait été arrêté; c'étaient enfin les deux gendarmes qui l'avaient conduit chez le procureur du roi.

Ce procès était depuis deux mois le sujet de tous les entretiens, et il ne s'était guère passé une semaine sans que le journal de Nîmes donnât quelques nouveaux détails sur l'accusé. Il n'y avait donc rien d'étonnant que, le jour où devaient commencer les débats, les portes du tribunal fussent dès le matin envahies par une foule curieuse, au milieu de laquelle, comme toujours, les femmes se faisaient remarquer par leur nombre et par leur ardente curiosité.

Enfin la séance s'ouvrit à midi.

L'huissier annonça : la cour !

Les jurés prirent place, le président s'assit en agitant sa sonnette pour imposer silence, et, le silence fait, il dit :

— Qu'on introduise l'accusé.

Jean parut alors entre deux gendarmes. Il était dans l'état que nous avons dit tout-à-l'heure, c'est-à-dire méconnaissable.

Combien deux mois avaient changé le gai voyageur que nous avons vu, au commencement de cette histoire, suivant le chemin qui mène de Nîmes à Lafou! mais aussi que de choses, que d'anxiétés, que de terreurs, que de pressentiments pendant ces deux mois!

Le père et la mère de l'accusé, aussi pâles tous les deux que leur fils, étaient assis à côté de son défenseur.

Le président donna à l'huissier l'ordre de lire l'acte d'accusation, dont les détails que nous connaissons firent frissonner l'auditoire.

Jean était comme hébété.

A peine si les interrogatoires éternels, si les questions de l'avocat chargé de le défendre, si le chagrin de ses parents, si le spectale de sa propre douleur lui avaient laissé assez de raison pour répondre d'une façon lucide aux demandes qui allaient lui être adressées. Il regardait avec un profond sentiment de pitié tous ces êtres qui se réunissaient pour le voir souffrir, et dont pas un peut-être ne le plaignait.

De toutes les tortures que l'enfer a inventées, croyez-vous qu'il y en ait une plus grande que celle de savoir qu'en expiation d'un crime dont on est innocent, en va être indubitablement condamné, peut-être à mort, au moins au bagne, et que quelques accents que l'on emploie pour convaincre ses juges et l'auditoire, on ne convaincra personne de rien, si ce n'est de sa hardiesse et de son impudence?

Dante a oublié ce supplice-là.

— Vos nom et prénoms, demanda le président à Jean, quand l'huissier eut fini la lecture de lacte d'accusation.

— Jean Raynal, répondit le jeune homme d'une voix presque éteinte, mais empreinte d'une étonnante douceur.

— Votre profession?

— Commis-voyageur.

— Où êtes-vous né?

— A Paris.

— Quel âge avez-vous?

— Vingt-un ans et trois mois.

Un murmure d'indignation courut dans l'auditoire, murmure qui pouvait se traduire par ces mots : Si jeune et déjà si criminel !

— Vous êtes accusé, reprit le président, d'avoir, dans la nuit du 15 au 16 avril dernier, assassiné le sieur Valentin Raynal, curé du village Lafou, et la demoiselle Toinette, sa servante.

— Je sais que je suis accusé de cela, monsieur.

— Vous continuez à nier le crime?

— Oui, monsieur le président.

— C'est bien. Racontez-nous les faits qui sont à votre connaissance, puis nous passerons à l'audition des témoins.

Jean raconta, pour la dixième fois peut-être, son arrivée chez son oncle, sa conversation avec lui, son sommeil profond de la nuit, son départ du matin, sa visite à M. Simon, et enfin son arrestation au moment de quitter Nîmes.

La déposition des témoins commença. Que de preuves la justice des hommes peut avoir pour condamner un innocent, avec la conviction qu'elle sévit contre un grand coupable !

Le premier témoin que l'on entendit fut ce paysan auquel Jean avait demandé où se trouvait la maison du curé.

— Avez-vous remarqué quelque agitation alors, soit dans l'allure, soit dans la voix de l'accusé? demanda le président à cet homme.

— Non, monsieur le président; l'accusé avait chaud, voilà tout. (On rit.)

Toutes les fois que des gens sont réunis pour entendre juger et condamner un homme, ils ne laissent jamais passer une occasion de rire.

— C'est bien ! allez vous asseoir, dit le président au témoin, enchanté d'avoir été le premier appelé, parce que, de cette façon, il pouvait, d'une bonne place, assister à tous les débats et n'en point perdre un mot.

Le second témoin fut un des trois amis du curé, qui étaient venus passer avec M. Raynal la soirée qui précéda le crime.

Celui-là était un homme de soixante ans, d'une intégrité et d'une vertu proverbiales dans tout le département.

Après l'avoir questionné sur ses noms, qualité et profession, le président lui dit :

— Quel langage M. Raynal tint-il vis-à-vis de son neveu pendant cette soirée ?

— Un langage tout-à-fait paternel. Il

paraissait avoir pour l'accusé la plus grande affection.

— Quelle était pendant ce temps la contenance de son neveu?

— Celle d'un jeune homme reconnaissant de l'intérêt qu'on lui porte.

— Fut-il question de la dissension qui avait existé entre les deux frères?

— Oui, monsieur le président.

— Qu'en disait M. Raynal?

— Il la regrettait.

— Avant cette circonstance, M. Raynal vous avait-il quelquefois parlé de son frère?

— Oui, monsieur. M. Raynal était un de mes bons amis, et il me confiait toutes ses pensées.

— En quels termes vous parlait-il de M. Onésime Raynal?

— Je dois à la vérité de dire qu'il me l'a représenté quelquefois comme un homme d'un caractère violent. Mais son opinion s'était bien modifiée par la suite, et il m'a souvent exprimé le désir de revoir ce frère et de le presser dans ses bras.

Les deux témoins suivants firent la même déposition, en ajoutant que le curé leur avait dit avoir touché une somme de douze cents francs dans la journée.

— Cette somme était en pièces de cent sous, objecta le défenseur de Raynal, et les douze cents francs trouvés sur l'accusé étaient en deux billets et en dix louis.

— M. le curé ne nous a pas dit, répondirent les témoins, en quelle monnaie étaient les douze cents francs qu'il avait reçus. Il nous a dit les avoir, voilà tout.

— D'ailleurs, fit l'avocat-général, l'accusé, les eût-il pris en argent, eût pu, chez un changeur, les transformer en or et en billets.

— Aussi, répliqua le défenseur, est-ce pour cela que nous voudrions pouvoir prouver que les douze cents francs de M. Raynal étaient en pièces de cinq francs, parce que nous défierions l'accusation de retrouver le changeur.

Aucun témoin ne put éclairer la justice sur ce fait.

Chapitre septième.

Le jeune homme qui avait le premier annoncé le crime fut entendu. Il ne savait rien, sinon qu'étant venu la veille au soir pour voir M. Raynal, et ayant appris de Toinette qu'il était en famille, il n'avait pas voulu le déranger, et, couchant à Lafou, avait remis sa visite au lendemain.

C'était alors qu'inquiété par le silence de la maison, à laquelle il frappait, il avait pris sur lui de faire enfoncer la porte.

Les témoins à décharge furent entendus. Tous ils venaient constater la bonne conduite de Jean jusqu'au jour où l'accusation s'empara du jeune homme ; mais nul ne put donner de détails sur lui, à partir de ce jour.

Le croupier de la maison de jeu comparut à son tour.

— Reconnaissez-vous monsieur ? lui

demanda le président en lui montrant l'accusé.

— Non, monsieur le président.

— Vous ne vous rappelez pas l'avoir vu dans la maison dont vous faites partie ?

— Il y vient tant de monde qu'il nous serait difficile de nous rappeler tous les visages.

— Cependant l'accusé affirme avoir gagné douze cents francs, le 8 avril; vous souvenez-vous de cela ? C'est vous qui les lui auriez payés, dit-il.

— C'est moi qui paie tout le monde, c'est moi qui fais les jeux. Des centaines de mille francs me passent chaque jour par les mains. Il me serait donc impossible de me souvenir si j'ai compté à quelqu'un douze cents francs, qui sont une somme bien peu importante.

— Allons! Dieu le veut, murmura Jean.

Il en fut ainsi de tous les témoins.

Tous les habitants de Lafou, voisins de la maison où demeurait le curé, avaient été cités. Parmi eux, il y en avait qui s'étaient couchés tard, d'autres qui s'étaient levés avec le jour; il y en avait même qui n'avaient pas dormi. Eh bien! aucun d'eux ne put dire qu'il avait vu entrer chez M. Raynal, soit le jour, soit la nuit, une autre personne que son neveu.

A chaque instant, les preuves morales s'amoncelaient contre Jean. Il était anéanti. Sa pensée lui échappait.

Par moments, il croyait être là pour le compte d'un autre, et d'un autre côté il était lui-même si épouvanté de ce concours de circonstances aggravantes, qu'il en arrivait à se demander si réellement il n'avait pas tué son oncle.

L'avocat-général, tous les témoins entendus, se leva et soutint l'accusation en ces termes :

« Messieurs les jurés, il y a des crimes pour lesquels votre justice n'a même pas besoin de discuter avec votre conscience, et que vous pouvez condamner hardiment si vous voulez venger la société compromise. Le crime que vous avez à juger aujourd'hui est un de ces crimes-là. Il a été commis dans des circonstances qui ne laissent aucun doute sur son véritable auteur. L'assassin, c'est l'homme que vous avez sous les yeux, c'est celui qui, depuis deux mois, a vu s'amonceler autour de lui les preuves les plus accablantes, sans pouvoir détruire même la plus petite. Peut-il rester le moindre doute dans votre âme? Rappelez-vous les faits, et le doute n'existera plus, et la lumière se fera. Heureusement on peut appliquer à la justice le mot de l'Évangile : *Deus dixit : fiat lux, et lux facta est.* »

L'avocat-général passa son mouchoir

sur ses lèvres pour laisser à ses auditeurs le temps de faire courir dans la salle un murmure d'admiration ; puis, content de l'effet produit, il continua :

« Ressoudons les uns aux autres les chaînons de l'accusation, et nous verrons si la vérité n'est pas patente. Un seul homme est entré chez M. Valentin Raynal, dans la journée du 15, un seul homme en est sorti au milieu de la nuit du 15 au 16, cet homme, c'est Jean Raynal. Pendant le temps que l'accusé est resté chez son oncle, un crime a été commis ; quand je dis un crime, c'est deux crimes que je devrais dire, puisque c'est de deux victimes qu'il nous faut aujourd'hui venger la mort. Sur qui doivent se porter les soupçons? naturellement sur le seul homme que l'on ait vu entrer ce jour-là chez le vénérable curé de Lafou. Et quelles preuves l'accusation trouve-t-elle contre cet homme? Ici, je suis presque pris de pitié devant l'aveuglement même de celui qu'on accuse, et qui continue à nier son crime, au lieu de tenter d'apaiser la justice par la franchise de ses aveux. Cet homme nie, il nie! et l'on retrouve dans sa poche une somme de douze cents francs, quand une somme de douze cents francs a été dérobée à la victime! Il nie! et ses vêtements portent les traces du noble sang qu'il a répandu! Il nie! et, dans une lettre écrite par son oncle, deux heures avant de tomber sous les coups de ce parricide, nous trouvons que ce jeune homme, qu'il a reçu comme son fils, a la fatale passion du jeu, et le pieux vieillard, comme si Dieu, au service duquel il a vécu, lui envoyait un pressentiment, ajoute que cette passion mène à tous les crimes. Il ne savait pas, le saint homme, que la première victime de cette passion, ce serait lui. Il nie ! et nous connaissons tous la cause de sa visite à son oncle ; et, après vingt-deux ans de séparation, cette visite, qui a pour résultat un assassinat, n'est-elle pas une preuve de plus de la culpabilité de Jean? preuve si grave qu'à mon avis, ajouta l'avocat-général, en regardant le père et la mère du jeune homme, l'accusation eût dû amener trois accusés sur le banc où je n'en vois qu'un. »

Onésime Raynal et sa femme étaient tellement absorbés par leur douleur, que, la tête baissée et se tenant par la main, ils n'entendirent point ce que disait l'avocat-général, dont les paroles n'arrivèrent à leurs oreilles que comme un bourdonnement de plus.

« En effet, reprit le magistrat en relevant la manche de sa robe, pour donner plus de liberté à son geste, rappelez vos souvenirs ; souvenez-vous de la déposition unanime des trois premiers témoins que nous avons entendus : le curé de Lafou, en maintes circonstances, avait parlé du caractère violent de son frère. Que vient donc faire tout-à-coup, ce neveu après vingt-deux ans de séparation? Qu'est-il? sinon l'envoyé de la haine! Qu'est-ce? sinon l'instrument de la vengeance!

« Oui, messieurs, l'accusé est coupable, oui, vous pouvez condamner sans doute et sans remords. La société a remis entre vos mains le plus sacré de ses droits; usez-en sans faiblesse. Que votre mission vous grandisse et vous mette au-dessus des impressions vulgaires. Ici, vous n'êtes pas des hommes, vous êtes des consciences, et n'ou-

bliez pas que Dieu lui-même a dit :
« Celui qui frappera de l'épée périra
par l'épée. »

L'avocat-général se rassit, en se dandinant de droite à gauche, au milieu de l'admiration et de l'approbation générales.

Le défenseur prit alors la parole. Il raconta la vérité, de sorte que personne ne se laissa convaincre par ce qu'il disait.

Son plaidoyer fini, Jean lui serra la main pour le remercier de la peine inutile qu'il venait de se donner. Il était onze heures du soir. A la clarté des lampes qu'on avait allumées, on voyait la grande figure du Christ qui occupait le fond de la salle, et qui levait les yeux au ciel avec un air de sérénité dans la douleur, comme pour dire aux coupables : Repentez-vous, et le ciel vous pardonnera, comme pour dire aux innocens : Courbez-vous comme moi et mourez en souriant si l'on vous condamne. Vous serez glorifiés dans le ciel et vous serez les bien-aimés de Dieu.

Le président se leva, et, d'une voix solennelle, il dit :

— Le jury va passer dans la salle des délibérations. J'invite le père et la mère de l'accusé à se retirer pendant que l'on prononcera le jugement.

Le deux vieillards, — nous disons vieillards, car en deux mois, le père et la mère de Jean avaient vieilli de vingt années, — les deux vieillards se levèrent, soutenus par deux huissiers, et quittèrent la salle en jetant un dernier regard plein de larmes, sur leur malheureux fils, qui leur souriait pour leur donner du courage.

Cette scène impressionna vivement l'auditoire.

En se retirant, Onésime Raynal et sa femme entendirent sur leur passage ces deux mots souvent répétés :

— Pauvres gens !

Et ils virent des larmes que l'on essuyait.

En ce moment, on eût voulu entendre acquitter Jean, car enfin le cœur de l'homme est bon.

Les jurés se retirèrent dans la salle des délibérations.

— Faites sortir l'accusé, dit le président.

Jean sortit, accompagné de deux gendarmes.

Un quart d'heure après, le jury rentra.

Le chef du jury prit la parole :

— Sur notre âme et sur notre conscience, oui, nous déclarons l'accusé Jean Raynal coupable du crime d'homicide volontaire avec préméditation, sur la personne de Valentin Raynal, son oncle, et de Toinette Belami.

— Faites rentrer l'accusé, dit le président.

Jean rentra.

— En conséquence, fit le président en se levant ainsi que toute la cour, ainsi que tout l'auditoire, et en se découvrant, en conséquence, la cour condamne l'accusé Jean Raynal à la peine de mort. Accusé, avez-vous quelque chose à dire?

— Rien, monsieur le président, répondit Jean d'une voix calme, sinon que, moi aussi, sur ma conscience et sur le Dieu qui nous écoute, je jure que suis innocent.

La foule se retira silencieuse et profondément émue.

En apprenant cette condamnation, le père de Jean se sauva de la ville sans qu'on sût jamais ce qu'il était devenu, et la mère du condamné devint folle.

Un mois après cette séance, on lisait dans *la Sentinelle* de Nîmes, à la date du 16 juillet :

« Hier a eu lieu l'exécution de Jean Raynal, dont nos lecteurs se rappellent sans doute avoir lu le procès il y a un mois environ.

» L'accusé s'était pourvu en cassation ; mais son pourvoi a été rejeté, et l'on est venu lui annoncer hier matin qu'il n'avait plus que deux heures à vivre. Jean Raynal a pleuré abondamment en entendant la lecture du rejet de son pourvoi, et il s'est confessé au prêtre qui est entré dans sa prison quelques minutes après, et qui ne l'a plus quitté que sur l'échafaud.

» Après sa confession, il a dit à l'ecclésiastique :

— « Si chrétien que l'on soit, mon père, c'est bien triste de mourir innocent, et de mourir à mon âge.

— » Notre Seigneur est mort innocent, lui a répondu le saint homme.

— » Oui, mon père ; mais sa mort rachetait quelque chose, tandis que la mienne ne servira à rien.

» Le bourreau est entré alors, et la toilette dernière a commencé.

— » Désirez-vous quelque chose avant de mourir? a-t-on demandé à l'accusé.

—» Une feuille de papier, une plume et de l'encre, a-t-il répondu. On lui a donné ce qu'il demandait, alors, il a écrit ces mots :

« Au moment de mourir, je pardonne à ceux qui m'ont condamné; car, devant les preuves qui pesaient sur moi, si j'eusse été à leur place, j'eusse fait comme eux; mais je jure de nouveau que je suis innocent du crime pour lequel je meurs, et j'espère qu'un jour la vérité se fera connaître pour la réhabilitation de ma mémoire et de celle de mon pauvre père, qui a disparu, et de ma mère, qui est folle.

» JEAN RAYNAL.

» 15 juillet 1825. »

— » Mon père, a dit l'accusé au prêtre, veuillez garder ce papier ; je le dépose entre vos mains. C'est l'avenir de l'homme qui n'a plus que deux heures à vivre.

» Jean Raynal est alors monté dans une voiture après avoir refusé de manger et de boire, et il a gravi les degrés de l'échafaud avec un calme qui semblait tenir de la résignation.

» Deux minutes après, la justice des hommes était satisfaite. »

LE NICOLAS.

VIII.

Huit ans se sont passés.

Nous sommes au mois d'octobre 1833, il est neuf heures du soir, et sur cette vaste mer des Indes qui promène patiemment et bruyamment ses vagues des îles de la Sonde au cap de La Brume, se confondant avec l'obscurité, un vaisseau creuse péniblement son sillon.

Ce vaisseau, c'est *le Nicolas* qui vient de l'île de Madagascar, qui va relâcher au Cap et qui s'arrêtera à Marseille.

Le pont du navire est silencieux et désert.

A l'exception de l'officier de quart, qui, couvert de son caban, se promène les mains derrière le dos, et du pilote qui se tient à la barre, personne ne s'y trouve.

C'est que la nuit est non-seulement obscure, mais froide; c'est que le ciel et la mer sont d'un gris d'ardoise, et qu'une petite pluie fine fouette les cordages du bâtiment.

On n'entend que le craquement du navire qui se fatigue à dompter cette mer puissante, hennissant sous la proue, comme le cheval sous l'éperon du cavalier.

Descendons alors dans l'entrepont, et voyons ce qui s'y passe.

Dans une large cabine, qui sert de salle à manger le jour, de salon le soir, et qu'éclaire à cette heure une lampe couverte d'un large abat-jour vert, pendue par une tringle de fer à l'une des poutres du plafond, quatre personnes sont assises autour de la table nue. Deux de ces personnes jouent aux dominos : c'est le commandant Durantin et le docteur Maréchal.

La troisième lit, la tête appuyée sur sa main droite, son coude et son livre posés sur la table.

La quatrième ne fait rien matériellement, mais paraît plongée dans une méditation si profonde, qu'il se pourrait bien que des quatre personnes qui sont là elle fût la plus occupée.

Le commandant est un homme de quarante-cinq ans environ, en petite tenue de bord, vrai marin à l'œil franc, au nez d'aigle, aux dents blanches.

Le docteur est un homme de trente ans à peu près, à la physionomie ouverte, au regard clair et limpide, comme doit être le regard d'un homme bien portant, de cœur, d'estomac et d'esprit.

Celui qui lit est un jeune homme qui peut compter vingt-cinq années au plus ; il a nom Félicien Pascal ; son visage est pâle, ses yeux, ombragés de grands cils noirs, sont d'une douceur parfaite, et sa bouche, facile au sourire, semble ne lui servir qu'à dire de pieuses paroles; quoiqu'il ne porte pas le costume de prêtre, il a reçu la tonsure, et il a toute la douceur évangélique d'un jeune ministre de Dieu; quand sa main s'abaisse pour feuilleter son livre, on ne peut s'empêcher de remarquer la blancheur féminine et l'aristocratique finesse de cette main. Il est tout vêtu de noir, de taille moyenne, et il paraît plutôt frêle que fort.

A l'heure où nous faisons sa connaissance, son visage, appuyé sur sa main, encadré dans ses longs cheveux noirs, à demi-éclairé par la lampe au-dessous de laquelle il lit, est le plus agréable et le plus sympathique qu'on puisse voir ; c'est le repos de l'âme pris sur le fait, c'est la foi vivante, c'est la conscience incarnée.

Le dernier personnage assis ou plutôt étendu, un peu loin de ses compagnons, sur un canapé qui est adossé à la cloison de la cabine, se trouve dans la pénombre des pieds à la tête. Il a trente ans ; il est de taille moyenne, paraît vigoureux, et ses traits ainsi que son costume sont un assemblage de distinction acquise et de vulgarité native.

Analysons cet homme et commençons par la tête.

Un teint un peu brûlé par le soleil des tropiques mais blanc de nature; des cheveux blonds, ondés naturellement et entretenus avec un soin presque prétentieux, un front mat et poli comme l'ivoire, et que bombent les bosses de la résolution et de la volonté; des sourcils d'un arc pur et dessinés d'un seul trait, servant de voûte à des yeux d'un bleu si pâle qu'ils échappent au regard des autres avec une étrange mobilité, sans compter que ces yeux passent brusquement d'une douceur angélique à une fixi é si étrange qu'ils creusent comme deux trous sous les paupières, et semblent ceux d'une bête fauve, voilà ce qui frapperait d'abord dans le visage de cet homme. Le nez est droit et bien fait, et le reste de la figure peut tromper aisément l'investigation physionomique, à cause d'une barbe épaisse qui commence aux oreilles et qui ne laisse plus voir que des lèvres minces, s'ouvrant sur d'assez belles dents.

Au contraire du jeune homme que nous avons décrit tout-à-l'heure, celui dont nous nous occupons maintenant a les mains fortes et les doigts carrés; il a d'elles un très-grand soin; mais s'il a pu parvenir à les rendre blanches, il n'a pu parvenir à les rendre élégantes. Des manchettes de batiste plissées les couvrent à demi, et un diamant d'une grande valeur brille au petit doigt de la main droite.

Cet homme porte une cravate de foulard blanc, nouée négligemment autour de son cou, un gilet d'étoffe anglaise à grands carreaux rouges, jaunes et verts, et une épaisse chaîne d'or court sur la blancheur de sa chemise, et va se perdre, ainsi que la montre qu'elle porte, dans le gousset gauche de ce gilet voyant.

Complétez le costume par une espèce de jaquette de velours noir, par un pantalon de cachemire d'étoffe brune, par des bas de soie blancs et des escarpins qui essaient de donner de la finesse aux pieds qu'ils renferment, et vous aurez le portrait complet de ce quatrième personnage, surtout si vous faites émaner de son individu un de ces parfums saisissants comme l'ambre ou le musc, et dont les habitants des colonies ont l'habitude et le tort de s'entourer.

Cet homme est-il bon ou mauvais ? c'est ce qu'on ne saurait dire.

Ce n'est qu'en l'étudiant qu'on découvre les lignes fatales qui font son caractère particulier. Ces lignes sont-elles le résultat de malheurs subis ou de passions exercées ? Est-ce un méchant ? est-ce un homme de bien ? Tantôt le regard de cet homme semble partir d'un foyer de fiel, tantôt il acquiert une douceur merveilleuse; rien n'est plus souple que cette physionomie.

Tandis que l'on remarque la contraction amère et railleuse de ses lèvres, on est tout étonné de voir cette amertume et cette raillerie se fondre en un sourire qu'envierait la bouche d'une jeune fille, et cela aussi rapidement qu'un nuage d'été change de forme sous le souffle de la brise.

Cependant, au premier abord, nous

le répétons, c'est un homme comme tous les hommes.

Des livres posés sur le poêle, des cartes géographiques accrochées aux panneaux, un thermomètre, achèvent le simple ameublement de cette cabine, propre et luisante d'acajou.

Le seul bruit que l'on entende, nous le répétons, est, si nous pouvons nous servir de ce mot, la respiration du navire à laquelle se joint le petit frémissement des objets intérieurs qu'agite le mouvement du vaisseau, et de temps en temps le bruit des dominos que remuent les deux partners.

UNE PARTIE DE DOMINOS.

IX.

— Domino! s'écria tout-à-coup le commandant. Oh! mon pauvre docteur, vous n'êtes pas de force. Voyons, continua M. Durantin, en prenant la carte qui lui servait de marque et en comptant les crans; j'avais soixante-dix-sept points, et vingt-trois de ce coup-ci, ça me fait juste cent.

— Comme vous le dites, capitaine, fit le docteur, je ne suis point de force, voilà la quatrième partie que vous me gagnez; j'aurais besoin de renfort. Monsieur Valery, voulez-vous vous joindre à M. Pascal et faire une partie à quatre?

M. Valery, l'homme au gilet rouge, s'entendant interpeller, se leva, et s'approchant de la table avec l'air d'un homme qui se réveille :

— Je le veux bien, dit-il.

— Et moi aussi, répondit le jeune homme en fermant son livre.

Puis, se frottant les mains, il ajouta :

— Savez-vous qu'il fait un peu froid ce soir, capitaine ?

— Voulez-vous que nous fassions faire du feu ?

— Oh ! ce n'est pas à ce point, reprit Félicien ; mais enfin, il fait froid.

— C'est mon avis, dit M. Valery en prenant place auprès de la table, ce temps pluvieux pénètre les os. J'ai mal à la tête, et j'avoue qu'un peu de feu ne me ferait pas de peine.

— Depuis quelques jours, vous paraissez mal à votre aise, monsieur Valery, dit le docteur ; faisons-nous une petite consultation ?

— Oh ! c'est parfaitement inutile, je n'ai rien.

M. Durantin sonna.

Un matelot parut.

— Du feu, dit le capitaine.

Un instant après, le poêle ronflait.

Tout le monde se sentant plus à l'aise, on commença gaîment la partie, et l'on causa tout en jouant. M. Valery, seul de tous, frissonnait.

— Dans combien de jours serons-nous au Cap? demanda Pascal à M. Durantin.

— Dans deux jours au plus tard.

— Savez-vous que *le Nicolas* file vite.

— Ah! il fait ses huit nœuds à l'heure.

— A vous de jouer, capitaine.

— Six partout?

— Oui.

— Je boude.

— Et vous? monsieur Valery.

— Moi, j'ai du six.

— Vous avez donc hâte d'arriver au Cap? reprit le commandant en s'adressant à Félicien.

— Oui, j'ai hâte de retourner en France, et comme il faut auparavant que je reste deux ou trois mois au Cap, je voudrais y être déjà. Il me semblerait que je me rapproche de ma mère.

— Votre mère habite la France?

— Oui, capitaine, avec ma sœur.

— Quelle partie de la France habite-t-elle?

— Le Poitou, son pays natal et le mien.

— Tiens! je suis Poitevin aussi, moi, fit M. Maréchal; ainsi, nous sommes compatriotes.

— Blanc et deux, fit M. Valery.

— Deux et as, répondit le capitaine en posant son domino.

— De quelle ville êtes-vous, docteur? reprit le jeune homme.

— Je suis de Melle, une charmante petite ville, située sur le coteau qui sépare les deux vallons baignés par la Légère et la Béronne.

— Moi, je suis de Moncontour, qui est sur la rive droite de la Dive.

— C'est un charmant endroit que je connais beaucoup, mais c'est tout petit.

— Mille habitants tout au plus.

— Et comment se fait-il que vous ayez quitté ce petit bourg, et que vous vous trouviez, si jeune, sur nos mers du Sud?

— Blanc partout, fit M. Durantin. Voilà que vous causez maintenant, il n'y a plus moyen de vous faire jouer. Blanc partout.

— Vous savez bien que nous n'avons pas de blanc, capitaine, puisqu'il y en sept fois sur le jeu.

— Alors abattons.

— Abattons.

— Un ! fit M. Durantin en montrant son point d'un air triomphant.

— Il faut avouer que le capitaine joue bien, dit Pascal en souriant ; puis se tournant vers M. Maréchal pendant qu'on retournait les dominos :

— Ne me demandez-vous pas comment il se fait que j'aie quitté Moncontour, et que je sois si jeune et tout seul au milieu de la mer du Sud ?

— Oui.

— Oh ! mon Dieu ! c'est bien simple ; dès que j'ai eu l'âge de comprendre, j'ai été pris du désir d'être prêtre. Quand j'étais tout enfant, les cérémonies religieuses, l'encens, le chant des enfants de chœur, les fleurs de la Fête-Dieu, les jeunes filles vêtues de blanc aux processions et défilant dans un rayon de soleil, à l'ombre des bannières de la Vierge, tout cela me remplissait d'une sainte exaltation et me faisait verser des larmes de joie. Plus tard, cet instinct religieux est devenu du raisonnement, et j'ai compris ma vocation. Mon père était mort ; ma mère, qui ne voulait me contrarier en rien, m'a fait entrer au séminaire de Niort, et j'ai étudié la théologie jusqu'à l'âge de vingt-et-un ans. Alors j'ai reçu les premiers ordres, car, comme vous le voyez, je porte la tonsure ; mais avant de prononcer d'irrévocables vœux, j'ai voulu voir, étudier, comparer entre elles les autres religions, afin que ma foi fût plus que du sentiment, et procédât de la discussion. Je suis donc parti et je reviens.

— Convaincu ? demanda M. Valery.

— Convaincu, oui, monsieur, qu'il n'y a qu'une religion réelle, juste, éternelle, celle à laquelle je vais vouer ma vie, le christianisme.

— Ainsi, vous allez entrer dans les ordres ? dit à son tour M. Durantin.

— Oui, commandant.

— L'instruction que vous avez, l'étude spéciale que vous avez faite, vont tout de suite vous donner droit à une position élevée.

— Oh! mon ambition est bien mince, je ne veux qu'une chose, c'est être le curé de notre petite église de Moncontour et continuer à vivre là entre ma mère et ma sœur, au milieu de mes souvenirs d'enfance et de tous les braves gens que je connais dans ce village, qui manqueraient à mon cœur, si je les quittais pour jamais; j'ai touché les confins du monde et voilà ce que je rapporte.

— Savez-vous que c'est tout bonnement le bonheur que vous rapportez?

— Je le crois.

— Mais pourquoi vous arrêtez-vous au Cap? Je me permets de vous faire toutes ces questions, ajouta le capitaine, parce que vous-même voulez bien nous entretenir de vous, et que je m'intéresse à votre destinée; car, foi de marin, je ne connais rien de plus respectable et de plus intéressant qu'un jeune prêtre qui applique à l'amour de la religion toute l'exaltation de la jeunesse.

— Merci de votre intérêt, capitaine, répondit Félicien, tendant la main à M. Durantin. Je m'arrête au Cap pour y recueillir un petit héritage que nous y avons fait ma sœur et moi, une cinquantaine de mille francs environ que nous a laissés un oncle qui était venu vivre là. Cette somme arrondira la dot de ma chère Blanche, et si j'ai la joie à mon retour de la marier à quelque honnête homme qui la comprenne et apprécie toutes les bonnes qualités de son cœur, je ne demanderai plus rien à Dieu.

— Quelle chose curieuse que la vie! observa le capitaine, qui n'avait cependant pas l'habitude de faire de la philosophie, nous voilà quatre dans cette chambre, venant tous quatre physiquement du même pays, et pas un de nous n'a la même destinée que les autres : Maréchal est médecin, moi je suis dans la marine, M. Pascal va entrer dans les ordres, et vous, monsieur Valery...

— Moi, c'est plus prosaïque que tout cela, je retourne tout bonnement en France, après avoir fait ma fortune dans le commerce, à l'île de Madagascar où j'étais depuis sept ans.

— Eh bien! vous n'êtes pas encore le plus malheureux de nous tous; n'est-ce pas, Maréchal?

— Je le crois bien! fit le docteur.

— Aussi, je ne me plains pas, répliqua M. Valery, tant s'en faut. Et en disant cela il passait la main sur son front comme un homme qui souffre de la tête.

Un silence de quelques minutes succéda à cette conversation. Chacun méditait. L'âme saisit si vite un prétexte pour se replier sur elle-même.

Ce fut le capitaine qui le premier rompit le silence.

— Ah çà, Maréchal, nous n'avons pas fini notre partie.

— C'est juste, et M. Maréchal prit sept dominos pendant que les autres en faisaient autant.

— Pardonnez-moi, messieurs, si je quitte la partie, interrompit M. Valery, en se levant, mais je me sens mal à mon aise et je vais me coucher.

Le docteur regarda le passager.

— En effet, vous êtes pâle, monsieur, lui dit-il; donnez-moi votre main. Vous avez un peu de fièvre.

— Oh! ce ne sera rien. La mer m'indispose toujours un peu. J'ai besoin de repos, voilà tout.

— En tout cas, avant de me coucher, je passerai vous voir.

— Merci, docteur ; mais il est inutile que vous vous dérangiez pour cela.

M. Valery salua ses trois compagnons, et quitta la salle pour se diriger vers sa cabine.

— Chacun pour notre compte, maintenant, dit le capitaine, qui, comme on le voit, était un enragé joueur de dominos. A qui de poser ?

— A vous, capitaine.

— Eh bien ! alors double-cinq.

FORCE ET FAIBLESSE.

X.

Il y avait à peu près trois-quarts d'heure que M. Valery s'était retiré, et les trois joueurs qui avaient cessé leur jeu, prenaient le thé en causant, quand la porte de la salle s'ouvrit, et qu'il parut.

Il avait endossé une robe de chambre, et il était pâle comme un mort.

— Ah ! vous nous revenez, fit le capitaine, c'est bien cela. Mais tout en parlant ainsi, M. Durantin regardait avec inquiétude le jeune homme qui rentrait et disait tout bas au médecin :

— Voyez donc comme il est pâle !

— Oui, je vous reviens répliqua M. Valery en s'asseyant, car il semblait avoir de la peine à se tenir debout, et en essayant un sourire, mais c'est pour demander une petite consultation au docteur.

Et pendant qu'il parlait, on entendait claquer les dents du malade.

Il tendit la main à M. Maréchal.

— Vous avez une forte fièvre, monsieur, lui dit le docteur.

— Oui, je souffre beaucoup, répliqua M. Valery d'une voix calme et presque avec fierté.

— Ne vous-êtes vous pas couché?

— Si fait.

— Pourquoi ne m'avez-vous pas fait appeler alors?

— A quoi bon vous déranger pour si peu de chose?

— C'est une imprudence que vous avez commise.

— Oh! je suis bien constitué.

— Oui ! mais il y a des constitutions qui ne résistent pas à certaines attaques.

— Est-ce à une de ces attaques que j'ai affaire ?

— Je ne dis pas cela ; seulement, je vous le répète, vous avez une fièvre intense, et vous ne sauriez prendre trop de précautions.

— Eh bien ! docteur, dites-moi ce qu'il faut faire et je le ferai.

Il était facile de voir les efforts de M. Valery pour parler avec sang-froid et pour garder son calme. Malgré lui, il tremblait de tous ses membres, et ses lèvres violacées s'agitaient sans cesse.

On eût dit qu'il se plaisait à cette lutte de sa volonté contre son corps.

— Pendant que vous habitiez l'île de Madagascar, reprit M. Maréchal, avez-vous ressenti quelquefois les symptômes que vous ressentez aujourd'hui?

— Jamais.

— Et cela vous a pris tout-à-coup?

— Tout-à-coup.

— Veuillez vous lever, si cela vous est possible.

M. Valery se leva, mais il fut forcé de porter la main à son front, comme pour comprimer l'éblouissement qui passait devant ses yeux et le vertige fiévreux dont il se sentait pris au moindre mouvement qu'il faisait.

Le docteur entr'ouvrit la chemise du malade un peu au-dessous du cou et se mit à examiner sa poitrine, marbrée de larges taches rouges.

— Diable ! murmura-t-il, voilà qui est sérieux.

— Que dites-vous, docteur ?

— Rien !

— Vous avez secoué la tête, cependant.

— A vrai dire, j'ai vu les premiers effets de votre imprudence.

— Le tache rouge ! fit M. Valery avec une intonation qui prouvait qu'il avait déjà remarqué ce symptôme et qu'il en était inquiété.

— Oui.

— Alors, c'est dangereux?

— Non, mais enfin... c'est à soigner.

— Commandant, ajouta le docteur en se tournant vers M. Durantin, il faudrait faire donner à monsieur une cabine plus grande et plus aérée que la sienne.

— Sur le pont?

— Oui, si cela est possible.

— Il y a celle qu'occupait l'ambassadeur français; c'est un véritable appartement. Je la mets à la disposition de M. Valery.

— Vous sentez-vous la force de vous y rendre, monsieur? demanda le docteur au malade.

— Oh! certainement, je suis plus fort que vous ne croyez.

— Eh bien! veuillez y aller tout de suite, c'est plus prudent.

— Bonsoir, messieurs, fit M. Valery; pardonnez-moi de vous avoir dérangés.

— Demain, monsieur, nous irons savoir de vos nouvelles, et de quoi que vous ayez besoin cette nuit, réveillez-nous, si nous dormons.

M. Valery remercia le capitaine, et s'apprêta à quitter la cabine.

Mais quand il eut fait quatre pas, il fut contraint de s'arrêter, et, la nature reprenant le dessus, il chancela. Il fit un effort violent; mais, avant même qu'il eût pu s'appuyer au mur, il s'évanouit dans les bras du docteur qui avait prévu ce qui arrivait, et qui se tenait derrière lui.

— Deux hommes! demanda le médecin.

On fit venir deux matelots.

— Transportez monsieur dans la cabine de l'ambassade et couchez-le. Les deux matelots prirent M. Valery, l'un par la tête, l'autre par les pieds, et le transportèrent dans sa nouvelle chambre.

— Est-ce grave ce qu'a M. Valery? demanda le capitaine.

— Si c'est grave, je le crois bien ; c'est tout bonnement une attaque de fièvre jaune dont il aura emporté le germe de l'île de Madagascar. Cette île-là n'en fait jamais d'autres, voilà pourquoi j'ai demandé une cabine isolée ; cette fièvre est contagieuse, et il ne serait pas drôle que nous l'eussions tous.

— Oh ! le malheureux ! s'écria Pascal ; espérons que Dieu le sauvera.

— Pour qu'il soit descendu ainsi avec une pareille fièvre, il faut que ce soit un rude gaillard, car, moi qui suis fort, que le diable m'emporte si, dans le même cas, j'aurais bougé !

— Il faut que quelqu'un le veille, n'est-ce pas ? demanda Pascal.

— Oui.

— Eh bien ! moi je vais le veiller.

— Êtes-vous fou ! nous avons des hommes pour cela. C'est une fièvre terrible, je vous le répète, qui se gagne en cinq minutes ; non-seulement je ne vous laisserai pas veiller auprès de M. Valery, mais encore, si vous voulez l'aller visiter demain, je vous donnerai un flacon que vous me ferez le plaisir de respirer tout le temps que vous resterez auprès de lui.

— Rejoignez-le, docteur, fit le commandant, il doit avoir besoin de vous.

M. Maréchal disparut.

Pendant ce temps on avait couché le malade toujours évanoui.

M. Maréchal lui fit respirer des sels et le fit revenir à lui.

En rouvrant les yeux, M. Valery parut avoir perdu un peu du calme qui ne l'avait pas abandonné jusqu'à son évanouissement.

Le docteur lui demanda :

— Comment vous sentez-vous ?

— Je souffre.

Il y avait un commencement de terreur dans cette réponse.

— Je me suis donc trouvé mal ? continua-t-il.

— Oui.

— Où cela ?

—En bas.

Le docteur se leva.

— Vous me quittez? lui dit le malade.

— Un instant.

— Où allez-vous?

— Chercher de la flanelle et préparer une potion pour vous frictionner.

— Un autre ne pourrait-il se charger de ce soin?

— Non, pourquoi?

— C'est que je voudrais que vous ne me quittassiez pas.

— Souffrez-vous davantage?

— Oui, je souffre beaucoup; mais je ne suis pas encore mort.

M. Valery prononça cette phrase avec un certain air de défi fait à la douleur.

Cependant il était couvert d'une sueur froide, et se sentait près de se trouvait mal de nouveau.

— Je ne suis plus aussi fort que tout-à-l'heure, ajouta-t-il comme pour excuser son premier mouvement, et cet évanouissement m'a un peu ému ; c'est la première fois de ma vie que je me trouve mal.

— Respirez ceci pendant que vous serez seul ; dans quelques instants je serai auprès de vous ; prenez patience et couvrez-vous bien.

Et pour plus de sûreté, M. Maréchal couvrit lui-même le malade et borda son lit.

Quand M. Valery fut seul, il regarda

autour de lui, croyant ainsi se rendre mieux compte de sa position; puis il pencha son oreille sur lui-même, comme pour s'entendre vivre et s'assurer qu'il existait encore. Il releva bientôt la tête en souriant.

— J'étais fou, murmura-t-il, ce n'est rien; un homme comme moi ne meurt pas en un jour.

Alors il se mit à considérer ses mains dans lesquelles on eût dit que le sang n'avait jamais circulé, et ce fut avec une sorte de joie farouche qu'il se livra à cet examen. Il fit jouer ses doigts et craquer ses articulations, et de cette même main il toucha sa poitrine, respirant en même temps qu'il la pressait, et un nouveau sourire de triomphe entr'ouvrit ses lèvres pâles.

— C'est que, dit-il, j'ai bien cru que c'était la fin.

Et à cette idée un frisson involontaire lui courut par tout le corps.

En ce moment, un matelot parut, apportant du linge et des fioles.

— Monsieur a-t-il besoin de quelque autre chose? demanda cet homme sans approcher du lit.

— Non. Qu'apportez-vous là?

— Des fioles, que M. Maréchal m'a remises pour vous.

— Où est-il, M. Maréchal?

— A la pharmacie. Voulez-vous que j'aille l'y chercher? proposa cet homme, qui paraissait avoir grande envie de quitter cette chambre, car le docteur lui avait recommandé d'y rester le moins de temps possible.

— Non, répondit le malade, qui avait remarqué la contrainte du matelot. Non, restez auprès de moi.

Le matelot s'adossa à la cloison, et se mit à tourner son bonnet entre ses mains.

M. Valery le considéra quelques instants, puis il lui dit :

— Approchez-vous donc un peu, mon ami; vous semblez avoir peur d'attraper le mal que j'ai : il n'est pas contagieux cependant.

Le matelot fit un pas, mais un seul.

— Vous avez donc réellement peur? ajouta M. Valery d'un ton presque irrité.

— Dam! monsieur, j'ai une femme et des enfants, moi, et l'on a bien vite attrapé la fièvre jaune.

— La fièvre jaune! s'écria le malade en pâlissant ; est-ce donc la fièvre jaune que j'ai?

Le matelot comprit qu'il venait de commettre une faute; mais il se dit en lui-même : tant pis, chacun pour soi; et il répondit à M. Valery :

— C'est M. Maréchal qui a dit cela.

— La fièvre jaune! répéta le passager dont le regard devint fixe ; la fièvre jaune ! mais on en meurt avec des douleurs affreuses, n'est-ce pas ?

— Oh oui, monsieur !

— Tu as donc vu des gens en mourir, toi ?

— Oui, monsieur, souvent : mon frère en est mort; voilà pourquoi j'en ai si grande peur.

Et le marin ne se gênait pas pour tenir son mouchoir sur sa bouche et son nez.

— Alors tu connais les symptômes de cette fièvre ?

— Oui.

— Comment commence-t-elle ? demanda M. Valery, en faisant un grand effort pour paraître calme.

— Par des vomissements, par des frissons, par des douleurs dans la tête et dans l'estomac, et puis le corps se couvre de taches rouges.

— Comme celles-ci? continua le malade en montrant sa poitrine marbrée.

— Oui, monsieur, répondit le matelot en avançant la tête pour mieux voir, mais reculant en même temps son corps.

— Alors, je vais mourir, moi! fit M. Valery.

Et il poussa un cri qui ressemblait au rugissement du tigre. Il y avait dans ce cri tout ce qu'un homme peut mettre de colère et de douleur dans une seule note de l'âme.

Le malade prit sa tête dans ses deux mains et la cacha dans son oreiller, s'arrachant les cheveux avec rage.

—Mourir, mourir ! répétait-il, mourir maintenant, mourir riche, mourir à trente ans, c'est impossible, je ne le veux pas !

Et en parlant de la sorte, il étendait le poing, mais il retombait bientôt épuisé et sans force.

Le délire apparaissait déjà.

— Je veux voir le docteur, je veux voir le docteur ! cria le malade, allez me le chercher tout de suite.

Le matelot, qui ne demandait qu'à s'en aller, disparut à ce mot.

FORCE ET FAIBLESSE.

SUITE.

XI.

— Je ne veux pas mourir, répétait toujours M. Valery, comme s'il eût voulu se convaincre que sa volonté pouvait éloigner la mort; et, le pouls doublé par la fièvre et la surexcitation morale, il courut à la porte comme un insensé, et l'ouvrit brusquement au moment où le docteur l'ouvrait de son côté.

— Si vous commettez de pareilles imprudences, dit M. Maréchal d'un ton presque sévère, je vous fais attacher dans votre lit, monsieur, car votre vie est sous ma responsabilité, et je veux que, s'il arrive un malheur, je n'aie au moins rien à me reprocher.

— Oui, docteur, oui, je vous obéirai, répliqua le malade en se recouchant, timide comme un enfant surpris en faute par sa mère. Vous me sauverez, vous me le promettez, n'est-ce pas ?

— Je ferai tout pour cela, et j'y réussirai, si vous n'entravez pas la science par de nouvelle folies.

— C'est que j'ai peur de la mort, voyez-vous.

— Cependant, tout-à-l'heure, vous faisiez preuve d'un grand courage.

— Parce que je suis plein d'orgueil et que je ne croyais pas que j'allais mourir. Mais maintenant que je sais quelle maladie j'ai, je vous le répète, j'ai peur. Le médecin, c'est comme le confesseur, on peut tout lui dire. Sauvez-moi et je vous donne la moitié de ma fortune; sauvez-moi, monsieur, je vous en supplie!

M. Maréchal regarda avec étonnement et presque avec défiance, cet homme si fort quand il ne croyait pas au danger, si humble depuis qu'il le voyait en face.

— Oui, monsieur, on vous sauvera, tranquillisez-vous.

— Vous m'en répondez?

— Je ferai tout au monde pour cela.

— Il est impossible que je meure, répétait M. Valery, je ne le puis pas, je ne le veux pas.

Répéter les mots qu'il disait, essayer de découvrir un sens dans le flot de paroles, de prières et de blasphèmes qui s'échappait de sa bouche serait chose inutile.

Il en fut ainsi pendant toute la nuit et, chose étrange ! au milieu de son délire il ne cessa de répéter le nom de Pascal et de le demander. Jusqu'au matin on le frictionna pour rétablir la circulation du sang, et l'on employa tous les moyens humains.

Au jour il revint un peu à la raison, et dès qu'il put articuler un mot, donnant suite à l'idée fixe de son délire :

— Docteur, dit-il à M. Maréchal, voulez-vous prier M. Pascal de venir me parler. ?

— Ce que vous avez à lui dire est-il bien important ?

— Oui.

— C'est que la moindre fatigue peut vous faire mal.

— Soyez tranquille, je ne lui dirai que deux mots.

Le docteur envoya chercher M. Pascal, qui descendit à l'instant même.

— Vous voulez me parlez, monsieur? dit-il au malade.

— Oui.

— Si je puis vous être bon à quelque chose, disposez de moi.

— Je vais mourir, monsieur.

— Vous vous exagérez votre mal, n'est-ce pas, docteur?

M. Valery secoua la tête.

— Le docteur essaie de me faire espérer ; mais moi aussi j'ai vu des gens mourir de la fièvre jaune, et je connais les symptômes de la mort : voyez.

En disant cela, le passager découvrait ses bras et sa poitrine tachés de plaques ternes.

— Oui, j'ai du feu dans la gorge et de la glace aux pieds : oh ! je vais mourir, je le sens, je le sais.

Et, comme un enfant, le malade se mit à pleurer.

Il faisait pitié à Pascal, il faisait presque honte au médecin.

Les deux hommes se regardaient.

— Il faut que je reprenne du calme à tout prix. On assure que lorsqu'on souffre comme moi et que l'on se confesse, quelquefois Dieu pardonne, non-seulement à l'âme, mais même au corps, et que l'absolution a fait des cures merveilleuses. Je veux me confesser ; je veux tenter cette dernière chance : après, Dieu me fera peut-être vivre.

— C'est d'un bon chrétien, monsieur, répondit Pascal, quoique le sentiment auquel vous obéissez ne soit pas tout-à-fait un sentiment religieux ; mais Dieu achèvera de vous éclairer : malheureusement il n'y a pas de prêtre à bord.

— Et vous ?

— Moi je n'ai pas encore été ordonné, monsieur.

— Mais vous serez prêtre un jour, sans aucun doute?

— A moins que Dieu ne me rappelle à lui avant que je prononce mes vœux.

— Eh bien! vous recevrez avant, la confession que vous recevriez après.

— C'est impossible.

— Impossible! s'écria le mourant avec terreur.

— Oui.

— Alors vous me laisserez mourir dans le blasphème et la malédiction. Eh bien! soit; je maudis Dieu et la religion!

— Silence, malheureux! silence!

— Il faut que je me confesse, vous

dis-je, continua le malade, les yeux fixes, l'écume à la bouche, et près de retomber dans le délire. Le passé m'étouffe, il faut que vous le connaissiez. Je suis un misérable, écoutez.

— Cet homme a le délire, il devient fou, murmura Pascal.

— Non ; cet homme souffre de l'âme autant que du corps, davantage peut-être, dit M. Maréchal au jeune homme ; comme chrétien et comme médecin, je réclame de vous le service qu'il vous demande.

Pascal hésita pendant quelque temps.

Le malade tenait les yeux ardemment fixés sur lui.

— Oui, se dit Pascal, après quelques

moments d'examen, M. Maréchal a raison. Ce malheureux souffre de l'âme: il y a peut-être un malheur dans la passé de cet homme; il y a peut-être pour moi dans l'avenir, si j'entends cette confession, le mal à réparer et le bien à faire.

— Eh bien! monsieur, continua-t-il, pour calmer le moribond, je consens à vous entendre; mais quoi que vous ayez à révéler, je vous préviens que je ne vous donnerai pas l'absolution, car je ne puis la donner.

— Vous pouvez prier pour moi, vous pouvez me dire d'espérer, n'est-ce pas? C'est tout ce qu'il faut. Laissez-nous seuls, docteur, et vous, mon frère, asseyez-vous auprès de moi et hâtons-nous. Oh! qui m'eût jamais dit que la confession serait un besoin pour moi! Je souffre tant!... Dieu en abuse et se venge bien!... Écoutez-moi, mon frère!

— Pas encore, fit Pascal!

— Pourquoi?

— Parce qu'il se peut que vous ne mouriez pas, monsieur, et alors vous auriez peut-être un jour le regret d'avoir confié à un homme un souvenir qui semble peser lourdement sur vous. Votre conscience, comme la mienne, serait troublée si vous surviviez à cette confession. Je ne la recevrai que lorsque le docteur aura perdu tout espoir, et, Dieu merci, nous n'en sommes pas encore là. Calmez-vous, vous avez un peu de délire. Si je reçois votre confession, c'est à votre sang-froid, à votre repentir, et non à l'agitation de votre fièvre que je veux que Dieu la doive. Reposez-vous une heure ou deux et nous verrons. En ce moment, il vous serait impossible de mettre longtemps de la suite dans vos idées. Prenez un peu de cette potion que l'on vous a préparée ; elle vous fera dormir trois ou quatre heures, et, à votre réveil, le docteur me dira si franchement vous devez espérer ou non. Courage et patience, monsieur.

En même temps, M. Maréchal versait dans le verre de M. Valery quelques gouttes d'une liqueur rouge dont le flacon était posé sur la table de nuit.

Le malade but avec avidité.

Une sueur brûlante couvrit tout son corps, il lui sembla que son cerveau s'emplissait de plomb, il marmotta quelques paroles, fit signe au médecin et à Pascal de ne pas s'éloigner, et, fermant les yeux malgré lui, il s'endormit au bout de dix minutes du plus profond sommeil.

Les deux jeunes gens sortirent de la chambre.

— Est-il en réel danger de mort? demanda Pascal au médecin.

— Il est midi, je vous dirai cela à quatre heures. Maintenant, allons respirer un peu d'air pur. Le délire de cet homme me fait mal, je ne sais pas pourquoi, car j'ai vu mourir bien des gens sans que cela me fît cet effet-là.

Deux heures après, M. Maréchal, accompagné de Pascal, redescendit auprès de M. Valery.

Celui-ci dormait toujours.

Le ravage que la maladie avait fait depuis vingt-quatre heures était inouï; dans la position et dans l'état où il était au moment où le docteur et son compagnon rentrèrent chez lui, on l'eût aisement cru mort.

Les yeux étaient entr'ouverts et vitreux, les joues creuses et mates, et, sans des tressaillements fréquents qui agitaient ses mains, il eût eu toute l'apparence d'un cadavre.

—Le plus grand bonheur qui pourrait arriver à cet homme, dit le médecin, ce serait qu'il ne se réveillât point, car il souffrira beaucoup avant de mourir.

— Il mourra donc certainement ?

— Oui, fit M. Maréchal en joignant un signe de tête à cette affirmation, pour la faire plus affirmative encore.

— Les jambes sont déjà froides et

mortes, continua-t-il en soulevant le drap du lit et en montrant au futur prêtre les jambes décharnées du moribond.

— Quel changement en un jour! s'écria Pascal, et il se remit à contempler ce corps qui, à cette heure, enfermait encore quelque terrible secret, s'il fallait en croire les secousses fébriles qui l'agitaient, même pendant son sommeil, et qui bientôt n'allait plus être qu'une matière inerte, bonne à jeter à la mer.

En ce moment M. Valery se réveilla, et, après avoir regardé autour de lui, il rappela péniblement ses souvenirs.

— Ah ! vous voilà, messieurs, dit-il, eh bien ?

Le docteur à qui cette question s'adressait, garda le silence et regarda confidentiellement Pascal.

— Je suis à vos ordres, dit celui-ci en s'adressant au malade.

— Ainsi, il n'y a plus d'espoir ?

— Qu'en Dieu, fit le médecin.

— Autant dire que tout est fini alors, fit M. Valery.

— Vous doutez de Dieu, monsieur ! s'écria Pascal.

— Ah ! non, je n'en doute plus, puisque je vais mourir, répliqua M. Valery ; ainsi, continua-t-il, dans un moment de fièvre j'ai dit que je me confesserai; eh bien! soit, je me confesserai.

— Il est encore temps, monsieur, de revenir sur cette résolution, fit Pascal, si vous hésitez le moins du monde. Je le préfèrerais même, car j'aurai à demander pardon à Dieu d'avoir reçu cette confession, et, si j'y consens, c'est pour la tranquillité de votre âme.

— Eh bien! asseyez-vous là, mon frère, et vous allez, je vous en réponds, entendre une chose curieuse.

Pascal regarda avec étonnement celui qui lui parlait ainsi.

— Voilà un homme étrange, se dit le docteur en s'éloignant, car il lui semblait que cette confession que le moribond voulait faire par peur quelques heures auparavant, il mettait maintenant de l'orgueil à la faire.

En effet, par un de ces brusques changements qui caractérisaient sa nature, Valery, sûr de mourir, jeta sur ce qui l'entourait, au moment de révéler sa vie, un de ces regards de colère et de défi que l'ange déchu dut jeter sur le Dieu vainqueur, quand il résolut d'accepter la lutte éternelle.

LE MENDIANT.

XII.

Vous avez vu de ces enfants qui, grondés et punis par leur père pour une faute qu'ils avaient niée et qu'ils avaient commise cependant, s'écrier tout-à-coup en pleurant, en frappant du pied, en montrant les poings quand ils se voyaient dans l'impossibilité d'échapper à la punition :

— Oui, c'est moi qui ai fait cela; oui, oui, et je recommencerai encore! Et quelquefois même, dans leur jeune désespoir, et comme pour se venger de de leur père, ils exagéraient la gravité de leur faute.

Eh bien! regardez ce sentiment par le gros verre de la lorgnette morale, et vous verrez que c'était à un sentiment pareil que Valery obéissait maintenant en se confessant ; seulement ce sentiment était plus grand de toute la différence qu'il y a de l'enfant à l'homme, du père à Dieu, de la faute au crime, de la-

punition paternelle à la mort, cette punition ou cette récompense de l'éternité.

— Ah ! je vais mourir, disait le passager ; ah ! il ne va rien rester de moi ; ah ! ma mort est inévitable, eh bien ! je veux qu'on sache ce que j'ai été et ce que je suis.

Cette disposition du malade n'avait pas échappé à Pascal ; aussi ne put-il s'empêcher de dire à M. Valery :

— Monsieur, vous ne me paraissez pas être dans l'état où doit être l'homme qui va se confesser ; permettez que je me retire. Je vous le répète : la seule chose qui pourra excuser l'action que je commets, c'est le repentir que vous aurez éprouvé, et, dans ce moment, vous paraissez être loin de ce repentir.

— Ce sera à vous, monsieur, de m'éclairer, et de me donner le repentir, si je ne l'ai pas. Où serait le triomphe de votre religion, si elle n'éclairait que des croyants ? Je vous l'ai dit tout-à-l'heure, je suis bien fou de croire au Dieu qui me tue, moi que rien n'a pu même faire chanceler dans ma vie. C'est plus qu'une confession que je vous fais, c'est une étude que je vous livre, étude qui ne peut que vous être utile dans la mission que vous accomplissez, car elle vous révèlera des mystères étranges du cœur humain ; sachez-moi gré au contraire de ne pas mettre d'hypocrisie dans cette révélation : j'aurais pu faire des signes de croix et joindre les mains de façon à vous tromper, à quoi bon ? De la franchise au repentir, il n'y a pas loin.

D'ailleurs cette confession ne regarde pas que moi, et quand vous l'aurez entendue, vous aurez des innocents à réhabiliter à votre retour en France, car j'ai fait du mal à des gens innocents qui en souffrent encore.

— Parlez, monsieur, parlez.

— Ah ! mon frère, continua le moribond dans un des repos que lui laissait sa fièvre morale, quand vous avez pris la résolution d'entrer au service de Dieu, vous n'avez vu dans l'exercice du ministère auquel vous vous dévouiez que la joie de conférer directement avec le Seigneur, et que le plaisir tout chrétien d'enseigner la vérité aux hommes; vous n'avez pas prévu que votre mission vous ferait assister à d'effroyables spectacles et vous forcerait à de hideuses anatomies. Votre nature est douce et frêle, votre âme est née pour le bien, je l'ai vu tout de suite, êtes-vous sûr de ne pas vous enfuir épouvanté, la première fois que vous vous pencherez sur cet abîme qu'on appelle les passions humaines et dont vous allez devenir le confesseur et le confident ?

Vous venez de visiter une nature éclatante qui parle sans cesse de

Dieu, et enivré de ses rayons, de ses chants et de ses parfums, vous avez promis à ce Dieu qui se manifestait ainsi à vous, de lui consacrer votre avenir et de vous donner tout entier à sa loi ; mais votre mission a deux faces, l'une rayonnante, parce que le ciel seul l'éclaire, l'autre sombre et ténébreuse, parce qu'elle est tournée vers les hommes, c'est-à-dire, vers le vice, vers le crime, vers le doute. La force que vous puisez dans votre foi, vous suffira-t-elle ; et, voyant Dieu si grand et l'homme si vil, n'éprouverez-vous pas le besoin de la solitude et du désert ?

Peut-être cette connaissance du cœur humain vous dégoûtera-t-elle à ce point, que vous ne pourrez la supporter, comme certains médecins ont été forcés de renoncer à leur art parce qu'ils se trouvaient mal devant les cadavres infects qu'il leur fallait ouvrir.

— Vous vous trompez, mon frère, répondit Félicien d'une voix douce, j'ai pesé dans ma conscience, depuis long-temps, les nécessités auxquelles je vais être soumis, et je ne reculerai pas.

Quand je serai contraint d'entendre un de ces terribles mystères dont vous parlez, et que la confession révèle, je n'y verrai que le sentiment qui dicte cette confession, le repentir, et je prierai Dieu pour celui qui se repentira.

Le Christ, en établissant la confession de l'homme au prêtre, c'est-à-dire à son semblable, a institué une loi sublime à laquelle les argumens de la religion réformée ont en vain essayé de porter atteinte.

L'homme qui a commis un crime, et qui, comme les protestants, peut, à l'heure de sa mort, ne s'en confesser qu'à Dieu, ne triomphe pas autant de lui que le chrétien qui s'humilie devant un autre homme, organe de la Divinité, et qui a reçu d'elle le droit d'absoudre avec l'ordre d'oublier. Rien de plus beau, mon frère, continua Pascal en s'exaltant, que cette mission de guérison morale que le Seigneur confie à ses ministres.

Croyez-moi, l'homme qui ne se confesse qu'à Dieu ne se confesse pas aussi complétement et avec autant de résultat que l'homme qui se confesse à Dieu et au prêtre. Il passe une transaction tacite avec sa conscience, il n'est pas sauvé, il n'est même pas guéri.

— Vous avez peut-être raison, monsieur, et je crois qu'en effet ce doit être une consolation de se confesser quand on a la foi; mais il doit y avoir des crimes que Dieu ne pardonne pas.

— Il les pardonne tous, mon frère, quand on s'en humilie avec sincérité, quand on se repent sérieusement; si votre conscience est chargée, je vous en prie, mon frère, je vous en supplie, faites vos efforts pour mourir chrétiennement, et, au nom de notre Dieu, je vous promets le repos éternel de votre âme.

M. Valery regarda, avec un sourire moitié railleur, moitié envieux, cet homme dont la conviction était si franche et la foi si pure, et, sans mettre de transition entre ce qu'il venait d'entendre et ce qu'il venait de dire, comme si son esprit irrésolu n'eût déjà plus osé douter, mais n'eût pas encore consenti à croire, il dit brusquement :

— Il y a trente ans, le curé d'un petit village nommé Lafou, fut assassiné ainsi que sa servante. Le neveu de cet homme fut accusé du crime, condamné et exécuté. L'accusé était innocent.

— Oh! l'horible fatalité! murmura Pascal.

— N'est-ce pas? reprit M. Valery, c'est effroyable à penser!

— Vous avez appris, depuis son exécution, l'innocence de ce malheureux?

— Je la savais à cette époque.

— Vous la saviez! s'écria Félicien presque épouvanté.

— Oui.

— Et vous ne vous êtes pas écrié: cet homme est inncocent!

— Je ne le pouvais pas.

— Vous ne le pouviez pas ! Quelle raison peut avoir un homme de laisser mourir un innocent ?

— Quand il est lui-même le coupable, et que pour sauver l'innocent il faut qu'il se perde !

— Il doit le faire !

— Oui, mais il ne le fait pas, et s'il a tort comme chrétien, il a raison comme homme. La vie éternelle est une belle chose, mais elle est moins certaine que la vie de ce monde.

— Monsieur ! fit Pascal en se levant et en se reculant malgré lui.

— Je vous l'avais bien dit, que certaines choses vous feraient horreur.

— Continez, monsieur, continuez.

M. Valery reprit :

— J'assistai aux débats, j'entendis l'arrêt, je vis l'exécution.

Félicien pâlit.

—Et je revins de ce spectacle, ajouta Valery, avec le mépris de Dieu, en me disant que décidément la justice divine ne valait pas mieux que la justice humaine.

— Ce n'était pas assez pour vous, mon frère, de laisser s'accomplir un pareil malheur, vous blasphémiez encore !

— Écoutez, mon frère, écoutez :

Il y a vingt-cinq ans, un enfant en haillons courait sur le route de Nîmes, les pieds nus, dans la poussière quand il faisait beau, dans la boue quand il faisait mauvais. Cet enfant, qui vivait d'aumônes, qui venait il ne savait d'où, qui n'avait jamais connu ni son père ni sa mère, qui couchait sur la route l'été, sous un mauvais hangar d'auberge l'hiver, qui répondait par hasard au nom de Joseph, comme il eût répondu à n'importe quel autre nom, puisqu'il n'en avait pas à lui, cet enfant, c'était moi. Une nature étrange naissait en moi, et je le sentais. Le mal était ma seule distraction, et cela dès mon plus jeune âge. L'esprit de destruction était inné en moi.

Ajoutez à cela une remarquable intelligence, une force morale bien au-dessus de mon âge et du genre de vie que je menais.

Je volais, mais si habilement et si effrontément à la fois, qu'on ne put jamais me surprendre en flagrant délit de vol. Ceux qui me donnaient l'hospitalité, qui me nourrissaient, qui prenaient pitié de moi étaient les victimes que je préférais.

Quand je ne pouvais rien leur prendre, j'essayais de leur faire du tort d'une autre façon. Si j'étais dans une ferme, je tuais quelque poule ou quelque lapin dont je jetais le corps dans le puits. Si un domestique me faisait coucher dans une maison particulière, je détériorais les arbres ou les voitures, je faisais mal aux chevaux, et, à défaut de cela, j'abîmais un mur ; je faisais enfin un dégât quelconque, comme s'il eût été dans ma mission de laisser de moi une trace néfaste partout où je passais.

Je n'avais cependant pas de haine contre la société ; ce n'était pas l'abandon où m'avaient laissé mes parents, ce n'était pas la misère qui me faisaient mauvais. Je serais né fils d'un roi que j'eusse été méchant comme je l'étais. C'était un résultat de mon organisation et non des événements. Les hommes me paraissaient plutôt bêtes que méchants. Je sentais dans mon jeune esprit de quoi tromper le monde entier, et je devais naturellement mépriser des êtres incapables de lutter avec un enfant.

Cependant je compris bien vite qu'il fallait utiliser cette intelligence dont j'étais doué, exercer sur une plus grande échelle les étranges qualités qui se trouvaient en moi, et donner enfin un but éclatant à ma vie obscure. Je cherchai le moyen d'abord d'arriver à tout, et le meilleur me parut être l'hypocrisie.

Je fis des choses incroyables pour mon âge.

Comme je vous l'ai dit, je mendiais; mais, au lieu de dépenser l'argent que je récoltais, à jouer avec mes camarades de mendicité, je le gardais précieusement. J'avais fait au pied d'un arbre un trou ignoré de tous, et j'enfouissais chaque soir dans ce trou ma récolte de ma journée. Il m'est arrivé de rester des nuits entières la main dans ce trou, à faire sonner les sous qu'il renfermait, comme un riche avare fait sonner des pièces d'or; l'amour de l'argent était en moi, et j'avais hâte d'acquérir beaucoup, convaincu que j'étais qu'avec mon intelligence et de l'argent je briserais tous les obstacles qui se trouveraient devant mon ambition, vers quelque but que cette ambition se portât.

Quelquefois aussi je m'en allais jusqu'à la ville, et quand je voyais un mendiant vieux au coin d'une rue ou à la porte d'une église, j'attendais le moment où je pouvais être entendu de plusieurs personnes, et tirant quelques sous de ma poche, je les lui donnais en lui disant :

— Tenez, mon brave homme, nous sommes pauvres tous les deux; mais vous êtes vieux et je suis jeune; vous ne pouvez plus marcher, et j'ai de bonnes jambes : voici ce que j'ai gagné hier, je n'ai besoin que de ce que je gagnerai demain.

Le mendiant me remerciait quelquefois en pleurant; je surprenais des larmes d'attendrissement dans les yeux de ceux ou de celles qui m'écoutaient, et je m'enfuyais, comme pour me soustraire aux félicitations des témoins de cette scène, et en me disant :

— Quel bonheur qu'il soit si facile de tromper les hommes !

Comme vous le voyez, mon frère, il n'eût guère été possible de trouver une plus infâme créature que moi.

LE MENDIANT.

SUITE.

XIII.

J'avais huit ans.

Mais un sentiment bizarre, et qui me rendait réellement malheureux, s'était peu à peu emparé de moi. C'était la conscience de mon infériorité vis-à-vis de l'être qui avait fait la nature dont j'étais entouré, et auquel on a donné la dénomination de Dieu, ce mot qui sert à désigner une puissance inconnue. Quand tous les soirs je voyais le soleil s'éteindre à l'horizon, la nuit descendre et le ciel s'illuminer d'étoiles, je prenais en haine cette régularité quotidienne contre laquelle je ne pouvais rien.

Il m'est arrivé, dans mon ignorante haine pour tout ce qui était au-dessus de moi et que je ne pouvais pas expliquer, de passer toute une nuit à regarder une étoile, avec l'espérance que mon regard la ferait tomber ou l'éteindrait. Puis, quand après avoir passé des heures ainsi, je voyais l'horizon blanchir, le soleil reparaître et l'étoile s'effacer dans une brume lumineuse, je montrais le poing à ce ciel et je jurais de me venger.

Seulement comme ce que je voulais atteindre était loin de moi, je me dis que si on peut tromper les hommes par l'hypocrisie, ne on peut tromper Dieu que par la patience. Je calculai que je pouvais vivre soixante ans, et je me mis à croire qu'en soixante ans je pourrais arriver à détruire cette harmonie universelle.

Mon imagination était tellement pervertie et tellement ardente, que, comme vous le voyez, elle était déjà entrée d'un pas dans la folie.

Un soir, dans une auberge où l'on m'avait accueilli, un homme vint loger, qui se rendait à la foire de Beaucaire, avec un grand instrument. Cet instrument était un télescope.

La nuit était superbe. Pour amuser l'aubergiste et sa femme, il tira son télescope de son étui; il l'appuya sur un pied à triple branche, et il leur fit voir la lune et les étoiles. Je fus admis à ce spectacle.

Quand je m'aperçus que ces points lumineux, qui me paraissaient gros comme des têtes d'épingles quand je ne les voyais qu'avec mes yeux, étaient des mondes quelquefois plus grands que la terre ; quand j'entendis cet homme expliquer cela tant bien que mal, je poussai un cri d'étonnement, et je lui demandai qui avait fait ce qu'il nous montrait-là.

— Dieu ! me dit-il en me tapant sur la joue.

— Dieu !... murmurai-je ! Toujours Dieu ! et je sentis ma jalousie redoubler contre cet être qui a semé des mondes dans l'immensité comme le laboureur sème des grains dans les sillons.

La nuit même, je trouvai une destination à l'argent que j'avais ramassé. Je voulus apprendre la vérité sur ce que je voyais, et demander à la science la révélation de ces effrayants mystères. J'allai à mon trésor. Je comptai ce qu'il contenait. En pièces d'un sou, en liards et en pièces blanches, il renfermait cinq cents francs. Je pris cette somme et je partis pour Nîmes.

Quand j'y fus, je demandai quelle était la meilleure institution de jeunes gens ; on m'indiqua une grande maison ceinte de murs, et d'où, quand j'en approchai, j'entendis sortir mille cris joyeux.

La volonté qu'il y avait en moi est une chose merveilleuse. Si j'avais pu l'appliquer au bien, je serais maintenant un des plus grands hommes du monde.

Je me rendis à la pension qu'on m'avait indiquée, et je demandai, toujours muni de mon sac, à parler au chef de l'établissement.

Le portier voulut d'abord me mettre à la porte, mais j'insistai tellement, que, vaincu par mon entêtement, il alla prévenir le directeur, lequel me reçut.

— Monsieur, lui dis-je alors, je suis un mendiant, je n'ai ni père ni mère, mais je veux un jour être bon à quelque chose. Depuis que je mendie, je n'ai pas dépensé un sou pour moi. La charité m'a nourri, logé, habillé comme je suis là. Les quelques sous que j'ai dépensés, je les ai donnés à de plus pauvres que moi ; j'ai ainsi économisé cinq cents francs. On m'a dit que votre cœur est excellent et que votre institution est la meilleure de Nîmes; je viens donc tout bonnement vous dire : Prenez mes cinq cents francs, gardez-moi chez vous tout le temps que cette somme donne le droit d'y rester, et faites-moi apprendre, pendant ce temps, tout ce que je pourrai apprendre, surtout l'histoire des étoiles et du ciel. Le temps expiré, renvoyez-moi, je bénirai votre notre nom et je serai sûr de l'avenir.

Le calcul que je faisais intérieurement réussit à merveille. Le chef de l'institution me regarda avec étonnement, avec admiration même. Il alla jusqu'à s'émouvoir, et je vis des larmes poindre à ses yeux.

— C'est très-bien, mon enfant, ce que vous faites-là, me dit-il. Je vais garder vos cinq cents francs, mais pour vous les remettre quand vous quitterez ma maison, et vous ne quitterez ma maison que lorsque vous saurez tout ce que vous devez savoir.

— Imbécille ! murmurai-je ; et je me jetai aux genoux du directeur pour le remercier de ce qu'il faisait pour moi.

Le lendemain, il n'était question dans la ville que de mon histoire, et, à partir de ce jour, je reçus de mes nouveaux camarades le surnom du *mendiant*.

Ce fut alors que je pus me rendre compte de la mauvaise nature du cœur de l'homme, et combien on a raison de le haïr, sans même le connaître, et de le mépriser quand on le connaît.

Aux yeux de tous, n'est-ce pas que ce que j'avais fait devait être considéré comme une belle chose? Un enfant de dix ans, un mendiant, sans famille, sans principes, sans autres habitudes que les mauvaises habitudes de la misère et de l'abandon, qui parvient à réunir une somme de cinq cents francs, qui applique cette somme à acquérir de l'instruction, et à tenter de s'élever au-dessus de la position où la fatalité l'a fait naître, est évidemment un enfant digne d'éloges, ou tout au moins de sympathie. Il fallait être moi pour savoir ce que cachait le fond de cette belle action.

Je méritais donc, sinon l'amitié, du moins l'estime des enfants au milieu desquels je me trouvais, puisqu'aucun d'eux n'avait assez d'intelligence pour lire la vérité dans mon âme. Ils étaient tous riches, tous heureux, tous fiers de leur fortune et de leur naissance, depuis l'enfant noble jusqu'au fils du commerçant ; ils pouvaient donc, sans se faire de tort, accepter comme camarade ce pauvre petit qui, à leurs yeux, ne commettait pas d'autre crime que de venir demander des moyens d'existence à cette instruction qui devait être pour eux un jour une superfluité.

Eh bien ! je ne trouvai pas une main à serrer dans la mienne. Je ne pus me mêler à aucun jeu. Ils me regardèrent du haut en bas, me baptisèrent le mendiant, et tout fut dit. Mon teint hâlé, mes mains noircies par la poussière et les intempéries, mes pieds durcis par les cailloux sur lesquels je marchais sans souliers depuis neuf ans, les dégoûtèrent, et ils me laissèrent dans un coin.

—Tant mieux! m'écriai-je, en voyant ce qui se passait, et je montrai le poing à tous ces enfants qui plus tard seraient des hommes dont je pourrais me venger. Je me jetai dans l'étude, et ma vengeance commença, car, au bout. d'un mois, je savais lire et écrire couramment, faire les quatre premières règles des mathématiques, et, dans la classe où l'on m'avait mis, nul n'était de force à lutter avec moi.

Cette supériorité si vite acquise ne fit qu'ajouter l'envie à la haine de tous ces petits êtres contre moi. De méprisants qu'ils avaient été d'abord, ils devinrent agressifs; ce ne fut plus assez pour eux de me détester, ils m'attaquèrent, et, sans que je leur eusse rien fait, deux ou trois d'entre eux me battirent.

Mon premier mouvement fut d'en étrangler un, car j'étais remarquablement fort pour mon âge; mais je parvins à me contenir; et avec cet air doux et résigné que je savais si bien prendre, et qui plus tard m'a si bien servi, j'allai trouver le directeur, et je lui racontai ce qui venait d'avoir lieu.

J'ajoutai, toujours du même ton, que si je devais être un objet de discorde parmi ses élèves, je demandais à rentrer dans ma vie passée, ne voulant pas reconnaître par le mal le bien qu'on me faisait.

Le soir, ceux qui m'avaient battu étaient punis.

Le maître de cette pension était un honnête homme dans toute l'acception du terme, et j'étais moi-même une nature si vicieuse et si corrompue, que, plus j'étais forcé de l'estimer, plus je le haïssais; le bien qu'il semait sur moi poussait en mauvaises pensées contre lui.

Je devenais un savant, mon orgueil s'augmenta, et quand j'eus surpris quelques-uns des secrets de la nature, je me crus en état de commencer mon duel avec Dieu. Il n'avait rien fait pour moi, et tout ce que je pouvais être, moi seul devais en être l'auteur.

— Ah! Dieu a fait le monde! ah! il lit au fond des cœurs et voit ce qui s'y passe, me disais-je, ah! rien n'arrive que par sa volonté ; eh bien ! qu'il lise dans mon cœur, et qu'il m'empêche d'arriver où je voudrai, je l'en défie!

Les joies âcres que me donnait cette lutte sont impossibles à décrire. Chaque affront que l'on me faisait et qui glissait sur moi comme une goutte d'eau sur du marbre, chaque mensonge que je faisais, sous un masque d'innocence et qui surprenait la bonne foi des gens qui devaient se croire mes supérieurs en tout, me grandissaient à mes yeux et me donnaient hâte d'arriver au temps de ma vie où je pourrais mettre en jeu sur un plus grand théâtre toutes les ressources de ma perversité.

Vous devez comprendre, mon frère, quel puissant levier ce devait être dans l'avenir pour un homme, que cette théorie qui grandissait tous les jours en lui, et de laquelle il résultait que pourvu qu'on sache le cacher, on peut avoir les plus mauvaises pensées du monde et être estimé comme une âme honnête et un cœur loyal. De là, à se dire qu'on peut commettre tous les crimes, pourvu que l'on ait l'habileté de ne pas se laisser prendre, il n'y avait pas loin.

Cependant j'eus en même temps une grande joie et une grande déception. Ce qu'on m'apprenait ne suffisait plus à mon ardent désir de connaître, et je voulus étendre par moi-même les limites de mon instruction. Le monde physique me devenait trop étroit, à moi qui voulais opérer sur le monde moral.

Notre chef d'institution avait une belle bibliothèque, et souvent j'y avais regardé avec curiosité *les Confessions* de Jean-Jacques Rousseau. Comme je passais tout mon temps à lire, je demandai à notre instituteur, qui était fier de mes progrès et sûr de moi, la permission de venir prendre de temps en temps un livre pour me distraire. Il y consentit, ne se doutant pas que le premier que je lirais, serait justement le dernier qu'il eût voulu que je lusse.

Je profitai, pour user de sa permission, d'un moment où il était sorti, et je m'emparai du livre de Jean-Jacques.

Quand je vis cette froide anatomie que l'écrivain a faite sur lui-même, quand je pus suivre de l'œil le scalpel moral qui décousait le cœur humain et le mettait à nu aux yeux de tous, quand je reconnus dans ce grand criminel que l'aveu écrit de ses turpides a immortalisé, les mêmes impressions qu'en moi, je fus fier de la ressemblance, je m'abreuvai de cette traduction de moi-même, faite avant moi, et je me baignai pour ainsi dire dans cette poésie du mal.

Mais, d'un autre côté, moi, qui me croyais un être extraordinaire, moi qui me croyais destiné à contrebalancer Dieu, car l'orgueil est infini, moi qui espérais que personne n'avait jamais été aussi méchant que moi, je fus épouvanté, je fus anéanti en m'apercevant qu'un autre homme l'avait été et avait joint à cette infernale nature le talent de lui donner de l'attrait et de paraître aussi grand, plus grand peut-être sur son échafaudage de vices, que le plus grand homme de bien sur la piédestal de la vertu.

Je sentis en moi un côté impuissant, car je compris que jamais je ne serais publiquement à la hauteur de cet homme. Ce fut la première douleur réelle de ma vie.

J'avais treize ans alors.

ANATOMIE MORALE.

XIV.

Si Jean-Jacques n'avait pas écrit ses *Confessions*, ou que je ne les eusse pas lues, je sens en moi que j'aurais été tourmenté toute ma vie du désir d'écrire un livre du même genre, et de me faire, aux yeux de la postérité, un manteau brodé de mes vices et de ma corruption.

J'ignore si vous avez lu les *Confessions*, mon frère, mais c'est bien à la fois le plus beau et le plus infâme livre qui soit tombé de l'orgueil d'un homme.

Si j'étais roi de France, je ferais déterrer celui qui l'a écrit, je ferais brûler ses restes par la main du bourreau, je ferais jeter ses cendres au vent, et j'essaierais de faire croire au monde entier que Jean-Jacques n'a jamais existé.

Et remarquez, mon frère, que celui qui vous dit cela est un homme qui est sûr d'avoir été plus méchant que celui dont il parle; car, malgré la peine que Rousseau a prise de se présenter toujours sous son aspect le plus défavorable, il était meilleur que moi, et à mesure qu'il s'éloignait des hommes, il se rapprochait de Dieu, tandis que je m'éloignais en même temps des uns et de l'autre.

Je me consolai cependant de cette lecture, en me promettant d'être, dans le mal, plus grand à mes yeux seuls que Jean-Jacques ne l'avait été aux yeux de tous.

Je ne voulus pas me donner d'autre confident que moi-même, et je tressaillis d'aise en songeant à l'ironie intérieure dont j'accueillerais les actions des hommes qui me croiraient leur ami ou leur obligé; et à la réputation d'honnête homme que je laisserais en mourant, quoique je poussasse le besoin de négation presque jusqu'à nier la mort.

Je devins donc pour moi-même une étude curieuse et je la fis consciencieusement. Jusqu'à dix-huit ans je ne vis pas poindre en moi le germe d'un bon sentiment. Les rêves de la jeunesse, les illusions de l'amour me restèrent inconnus, et cependant j'étais heureux, puisque mon bonheur consistait à me mettre au-dessus des passions routinières des autres et à ne pas me laisser tromper comme eux par les impressions communes aux gens de mon âge.

Tout me réussissait dans une proportion toujours ascendante.

J'étais mauvais et l'on me croyait bon, athée et l'on me croyait religieux; enfin, ma réputation d'honneur, de courage, de loyauté, de délicatesse était établie à ce point, que je pouvais commettre un crime, avec la certitude qu'on n'oserait même pas m'accuser, et que l'on douterait encore, si l'on me surprenait le commettant.

Pour être encore plus sûr de moi, pour empêcher mon âme d'être vaincue par un bon sentiment ou par une impression inconnue, pour briser à l'avance tous les obstacles qui pourraient s'opposer à l'exécution d'un projet quel qu'il fût, le jour où j'aurais pris la résolution de l'accomplir, je soumis mes sens à des épreuves incroyables.

Je recherchai, sous le masque du dévouement, et pour m'endurcir à tout, les spectacles que les plus courageux évitent, que les plus insensibles fuient. La mort surtout était pleine d'attraits pour moi.

J'allais dans les hôpitaux; je voyais mourir des malheureux au milieu des cris de désespoir de leurs femmes et de leurs enfants, et j'avais la double force de ne rien ressentir en moi-même et de pleurer comme si ce spectacle m'eût fait souffrir. Puis je me promettais cette étude de suivre dans la vie ceux qui y restaient, après avoir été au moment de se tuer sur le cadavre des parents ou des amis perdus, et il ne se passa jamais deux mois sans que je visse passer, joyeux ou indifférents, ceux-là que j'avais vus en proie à la plus grande douleur.

Pas une exécution n'avait lieu à dix lieues à la ronde que je n'y assistasse ; et, quand la tête du condamné avait roulé dans le panier, quand tout le monde satisfait du spectale, se retirait, moi, je m'approchais de la machine, et, sous l'honorable prétexte de prier sur un malheureux que tout le monde abandonnait, et d'accompagner jusqu'au cimetière un cadavre méprisé, j'obtenais la permission de voir la tête et de me repaître des hideuses grimaces de la mort survenue au milieu de l'élan unanime de la vie, et quand toutes les facultés sont réunies pour conserver longtemps encore l'existence à celui qui va mourir.

Aucune sensation n'était capable de m'émouvoir ; rien de ce qui arrivait aux autres ne pouvait me faire pleurer, rien de ce qui ne me regardait pas ne pouvait faire battre mon cœur.

Il s'agissait donc, pour que la victoire fût complète, que je devinsse insensible à ce qui me serait personnel. C'était facile.

Je n'avais jamais rien aimé, aussi ne

m'occupai-je que de vaincre la matière, ce corps stupide, cette enveloppe ridicule, qui tremble au moindre danger et se fatigue à la moindre lutte.

Je triomphai du sommeil. Je pouvais passer huit ou dix nuits de suite; je pouvais ne me nourrir que de pain et d'eau, sans rien perdre de mon énergie; l'hiver, je me jetai à l'eau deux ou trois fois pour sauver des gens qui se noyaient; mais en réalité pour voir si, le cas échéant, je pourrais sans danger supporter dix degrés de froid dans l'eau. Je sauvai les gens et l'on me donna des médailles d'honneur pour ces hauts faits. Chose étrange! je faisais le bien pour m'habituer au mal!

Comme vous le pensez bien, mon frère, j'étais sorti de pension, et quoique je fusse convaincu que l'argent est le moyen de tout, j'en étais sorti sans vouloir reprendre les cinq cents francs que mon maître m'avait gardés.

— Non, lui avais-je dit, conservez cette somme, monsieur, non pas pour vous payer du service immense que vous m'avez rendu, mais pour subvenir aux frais de l'éducation de quelque pauvre enfant qui aura besoin de savoir lire et écrire, et qui ne possédera rien.

Ce nouveau trait de grandeur d'âme et de générosité me fit l'objet de l'admiration universelle.

On vint me proposer des places,

mais je répondis que je voulais rester indépendant, et chacun admira ce caractère en se promettant de m'aider malgré moi, s'il en était besoin.

Je ne fus plus préoccupé que d'un désir, celui de faire fortune.

J'avoue que cette ambition était la seule dont je n'eusse pu triompher dans aucun cas. J'avais l'amour de l'or, je voulais en avoir beaucoup parce que, à mon avis, la fortune était ce point d'appui que cherchait Archimède, et avec lequel on peut soulever le monde. Je voulais être riche pour voir encore mieux les misères des hommes et les injustices de Dieu.

J'avais mendié. Je voulais voir à mon

tour les autres me tendre la main, pouvoir leur refuser le pain qu'ils me demanderaient, et dire à Dieu :

« Tu ne peux pas faire pour eux ce
» que je ferais, moi, et, si je le veux,
» tous ces gens-là mourront de faim. »

Vous voyez que je ne me démentais pas un instant, et que je ne déviais pas une fois de la route que je m'étais imposée.

Je louai une chambre, en annonçant au propriétaire que je n'avais pas d'argent pour le payer, mais que j'en gagnerais un jour, et qu'il pouvait avoir confiance en moi; j'achetai des meubles par le même procédé, et je me mis à l'œuvre.

Toutes les nuits on voyait briller ma fenêtre comme une étoile, car je travaillais jusqu'à deux ou trois heures du matin, et ceux qui passaient, disaient, en montrant mes vitres éclairées :

— Voilà le mendiant qui travaille, car le surnom que m'avaient donné mes camarades m'était resté.

Ces nuits je les passais à écrire des livres pieux, destinés à la jeunesse, et que je vendais à très-bas prix, mais qui me servaient à vivre.

J'étais, par-dessus le marché, adoré des curés et des prêtres, qui voulaient absolument me faire entrer dans les familles dont ils étaient les amis, pour que je fisse l'éducation des enfants, convaincus qu'ils étaient qu'on ne pouvait trouver un professeur plus instruit, ni un directeur plus pieux.

Voilà à quoi leur servait la lumière dont ils se disaient éclairés.

Je me rappelle qu'un jour, m'étant trouvé dans une voiture publique avec un prêtre et un gros marchand de rubans, tout imbu de Voltaire, ce marchand, d'assez mauvais goût, entama avec le prêtre une discussion sur la religion, et quoi que pût répondre celui-ci, il fut vaincu dans cette discussion par les raisonnements de marchand absurde. Alors je me mêlai à la conversation, et moi, moi qui ne croyais à Dieu que pour l'attaquer, je me mis du côté du prêtre, et je battis le voltairien sans qu'il trouvât une réponse à me faire.

Dix minutes après, si l'on avait voulu, j'aurais soutenu la thèse contraire avec le même succès.

Comment pouvais-je croire à ce Dieu qui, disait-on, m'avait donné l'intelligence que j'avais, et qui me laissait ainsi abuser contre lui de cette intelligence? le prouver quand je le voulais, et le nier quand c'était mon plaisir.

C'était donc justement là où les autres ont raison de puiser leur foi, que moi je puisais la négation et l'athéisme.

MONSIEUR RAYNAL.

XV.

Cependant, je m'aperçus bientôt que j'avais tellement rétréci les moyens autour de moi, que tant que je resterais à Nîmes je ne pourrais y faire fortune, et mon esprit, s'enhardissant dans le mal, me conseillait de plus grands exploits que ces hypocrisies intérieures qui ne servaient qu'à amuser mon orgueil.

Sur ces entrefaites, je fis connaissance du curé de Lafou.

C'était un saint homme; et dans certaines conversations que j'eus avec lui, je distinguai bien vite un esprit éclairé, arrivé à la foi, comme vous, par le raisonnement; car j'ai retrouvé dans votre conversation les mêmes principes et presque les mêmes mots que dans la sienne. Je pris cet homme en haine; naturellement c'était un véritable homme de bien, et je le reconnaissais plus fort que moi.

Je ne cherchai plus qu'une occasion de lui faire du mal et de le faire douter, si cela était possible.

Je m'habituai tellement à cette idée, que les combinaisons les plus étranges se présentèrent à mon esprit infernal, et peu à peu, pour ne rien perdre de ma mauvaise action, je me dis que je la ferais me rapporter quelque chose par-dessus le marché. Il me sembla que depuis le temps que je provoquais la Providence, il ne s'était pas encore offert de plus belle occasion de lutter avec elle corps à corps.

Je choisis M. Raynal comme terrain où le combat aurait lieu ; et dans une nuit fiévreuse où cette pensée veillait avec moi, je me rappelle avoir dit à Dieu, comme si Dieu eût été à côté de moi et eût pu me répondre :

— Voici un homme de bien qui vous aime et que vous bénissez, qui répand partout l'amour de vous et le respect de votre nom. Eh bien! moi, une des plus infimes créatures de ce monde, je tuerai cet homme et j'échapperai à votre justice comme à celle des hommes; et l'argent qu'il amasse pour les pauvres, j'en ferai la base de ma fortune, et je serai riche, heureux, estimé, et j'aurai peut-être encore la joie de vous voir laisser condamner et mourir un innocent à ma place.

Il faut vous dire, mon frère, que

j'avais vingt-deux ou vingt-trois ans à cette époque, et que les passions étranges qui de mon esprit avaient envahi mon cœur, n'avaient, comme je vous l'ai dit, accordé aucune place aux passions qui d'ordinaire dominent ou tout au moins occupent les gens jeunes et et vigoureux. Les femmes étaient pour moi des êtres nuls, inutiles, ce qui revenait à peu près au même.

Je ne voulais être faible devant personne, et l'amour est une preuve de faiblesse qu'on donne à un être plus faible que soi.

Je refoulais donc avec toute mon énergie ces aspirations soudaines à l'aide desquelles je me disais que Dieu espérait me vaincre, je réglais avec moi-même la question de mes sens, et lorsque j'avais recouvré toute la lucidité de mon esprit et toute l'énergie de mon être, je me trouvais plus grand encore et je m'estimais davantage.

Cependant la nature, et je le comprends maintenant, a voulu qu'à l'âge que j'avais, l'homme dépensât la surabondance de sa force par tous les moyens qu'elle a mis à sa disposition, depuis le plaisir jusqu'au travail, et lorsqu'au lieu de s'abandonner à cette loi de la nature, l'homme concentre sur un seul point toutes les facultés qui doivent se mouvoir simultanément en lui vers des buts différents, l'idée unique dont il s'occupe acquiert bientôt des proportions effroyables, et fait monter sa passion dominante jusqu'aux dernières limites de l'exaltation, jusqu'aux premières limites de la folie. Si l'on est bon, on peut dans ce cas devenir un saint; si l'on est un homme ordinaire, on doit devenir fou; si l'on est mauvais comme moi, il faut devenir criminel.

Mon besoin de destruction devint une idée fixe dans mon esprit, et qui y grandit à faire éclater mon cerveau.

La haine me donnait les mêmes transports que l'amour, et la nuit, éveillé ou endormi, je rugissais à la pensée du meurtre comme un moine tourmenté de passions et de pensées de plaisir.

Je goûtais une féroce volupté à me figurer ce vieillard mort, et à voir, en imagination, couler son sang.

Quand je le quittais, après un entretien où j'avais gagné ses sympathies par mon adhésion à tous ses principes, où je l'avais édifié par la pureté de mes sentiments, je m'en revenais, insultant à ce Dieu qui ne permettait pas à ce pieux vieillard de voir clair sur mon compte, et de me chasser comme un misérable.

Je dois vous dire que je croyais ne pas craindre la mort ; je l'acceptais résolument dans le cas où je tomberais vaincu dans la lutte que j'allais commencer contre toute une société, mais je me promettais bien aussi si j'en sortais vainqueur, d'user largemegt de ma victoire et de ne plus poser de bornes à mon ambition.

Vous allez voir quelle impitoyable hardiesse je déployai dans l'accomplissement de ce crime, qui a tant agité la ville où il fut jugé.

Oh ! je faisais bien les choses, et dans la partie que je jouais je rendais des points à la Providence.

Un soir je partis pour Lafou, après m'être fait le serment que le lendemain M. Raynal aurait cessé de vivre, et que j'aurais dans ma poche et son argent particulier et les aumônes qu'il recueillait, et jusqu'aux économies de sa servante.

J'avais déjà en tête le projet du voyage que j'ai accompli, et je voyais dans cet argent la source première de la fortune que j'ai faite.

J'aurais pu, me direz-vous, si vous étiez homme à faire une pareille réflexion, j'aurais pu, pour tant faire que de tuer un homme, en tuer un plus riche, et m'emparer de plus d'argent. C'est vrai; mais comme j'ai essayé de vous le faire comprendre, ce n'était pas tant en moi l'espoir du gain qui dominait, espoir qui n'eût fait de moi qu'un obscur voleur, que ce besoin de me prouver que j'avais raison de nier la justice divine, et de me montrer à moi-même que cet être devant lequel on se prosterne, est méchant pour les gens de bien, et bon pour les méchants, et que par conséquent il n'existe pas, ou que, s'il existe, il est un être malfaisant.

Oh! quand la philosophie et l'orgueil entrent dans l'esprit de l'homme ils peuvent aller et le pousser loin.

Je ne voulais pas tuer un homme ordinaire, car ma haine ne s'adressait qu'aux êtres intelligents et capables de se défendre. La preuve est que je ne me rappelle pas avoir frappé un enfant, ni battu un chien, ni coupé une fleur.

L'idée ne m'en venait même pas.

Tout ce qui ne pouvait m'opposer de résistance, n'existait pas pour moi.

Je partis donc pour Lafou.

J'étais maître de moi ; j'étais sûr que mon sang-froid ne m'abandonnerait pas et que ma main ne tremblerait point.

Ceci se passait au mois d'avril 1825.

J'arrivai chez M. Raynal. Je sonnai. Toinette, sa servante, vint m'ouvrir.

Il pouvait être neuf heures du soir. Je lui demandai si M. Raynal était seul, elle me raconta qu'il était au salon avec trois personnes et un neveu qui était venu le voir ce soir-là pour la première fois de sa vie, et qui était le fils d'un frère qu'il n'avait pas vu depuis vingt-deux ans, histoire que je connaissais dans tous ses détails, car M. Raynal me l'avait racontée souvent.

Toinette ajouta que ce jeune homme coucherait dans la maison, et ne tarderait même pas à prendre du repos, car il était très-fatigué. C'était un obstacle, mais aussi une espérance de plus : au lieu d'une victime, j'en avais trois, et trois bien et dûment innocentes.

Toinette insista pour que j'entrasse ; je m'y refusai, prétextant que je ne voulais pas troubler, par ma présence, une scène de famille, et ajoutant que, d'ailleurs, je verrais M. Raynal le lendemain, mon intention étant de coucher à Lafou dans l'auberge voisine.

Je m'y rendis, en effet; je soupai tranquillement, et, à onze heures du soir, quand tout le monde dormit, je quittai ma chambre.

Comme j'en sortais, je rencontrai la maîtresse de la maison, qui avait été retenue dans sa cuisine par des soins de ménage, et qui montait se coucher plus tard que de coutume.

— Où allez-vous donc? me dit-elle.

— Je n'ai pas encore envie de dormir, lui répondis-je, je vais me promener sur la route, au clair de la lune.

— Bonne promenade! fit-elle; et elle disparut.

Rien de ma part n'étonnait cette

femme dans la maison de laquelle j'avais couché plusieurs fois, et qui ne m'avait jamais vu vivre comme tout le monde.

Je me dirigeai vers la route en chantant, et le bruit de ma chanson, qui troublait le silence de la nuit, dut arriver jusqu'aux oreilles de mon hôtesse.

La lune que j'apercevais derrière l'aqueduc, était magnifique et jetait une clarté égale à celle du plus beau jour. De larges rayons blancs passaient à travers les arcades du pont, et venaient éclairer jusqu'aux moindres détails du paysage.

Un autre que moi eût reculé, car

j'avais à redouter non-seulement qu'on me vît, mais encore qu'on vît mon ombre trois fois plus grande que moi.

Cela ne fit que m'enhardir.

Je connaissais admirablement les êtres de la maison du curé.

J'entrai dans le cimetière toujours ouvert et contigu au presbytère; je montai sur une tombe adossée au mur et je me trouvai en un instant sur le toit de la maison.

Je pénétrai par la fenêtre du grenier et je descendis tranquillement à la cuisine où j'allumai une lampe.

FIN DU PREMIER VOLUME.

TABLE DES CHAPITRES

DU PREMIER VOLUME.

	Pages.
Chap. I. Prologue.	5
— II.	23
— III.	49
— IV.	75
— V.	93
— VI.	111
— VII.	129
— VIII. Le Nicolas.	153
— IX. Une partie de dominos.	167
— X. Force et faiblesse.	185
— XI Force et faiblesse, (suite).	209
— XII. Le Mendiant.	231
— XIII. Le Mendiant, (suite).	255
— XIV. Anatomie morale.	279
— XV. Monsieur Raynal.	297

FIN DE LA TABLE DU PREMIER VOLUME.

Coulommiers. — Imprimerie de A. Moussin.

www.ingramcontent.com/pod-product-compliance
Lightning Source LLC
Chambersburg PA
CBHW071250160426
43196CB00009B/1234